Inhalt

		Seite
	Vorwort	5
	Methodisch-didaktische Überlegungen	6 – 7
1	Sommerferien	8
2	Alphabet	9 – 11
3	Sich vorstellen	12
4	Farben	13 – 14
	• Wortschatz 3 & 4	14
5	In der Schule	15 – 17
	• Wortschatz 5	17
6	Hobbys	18 – 19
7	Sportarten	20 – 22
	• Wortschatz 6 & 7	21 – 22
8	Tiere	23 – 29
	• Wortschatz 8	28 – 29
9	Körper	30 – 35
	• Wortschatz 9	34 – 35
10	Outfit	36 – 39
	• Wortschatz 10	38 – 39
11	Uhr & Uhrzeiten	40
12	Essen & Trinken	41 – 46
	• Wortschatz 11 & 12	44 – 46
13	Wetter	47
14	Winter	48 – 50
	• Wortschatz 13 & 14	49 – 50
15	Advent & Weihnachten	51 – 53
	• Wortschatz 15	52 - 53
16	Neues Jahr & Kalender	54 – 56
	• Wortschatz 16	55 – 56
17	Fasching & Karneval	57 – 59
	• Wortschatz 17	58 – 59

Inhalt

		Seite
18	**Wohnung**	**60 – 63**
	• *Wo ist K. Rotte?*	61
	• *Wortschatz 18*	62 – 63
19	**Berufe**	**64 – 68**
	• *Beruf & Tätigkeiten*	65
	• *Wortschatz 19*	66 – 68
20	**Werkzeug & Zubehör**	**69 – 70**
	• *Wortschatz 20*	70
21	**Im Büro (Schreibtisch)**	**71 – 72**
	• *Wortschatz 21*	72
22	**Gastronomie (Küche)**	**73 – 75**
	• *Wortschatz 22*	74 – 75
23	**Ostern**	**76**
	• *Wortschatz 23*	76
24	**Frühling & Frühlingsblumen**	**77**
	• *Wortschatz 24*	77
25	**Familie**	**78 – 80**
	• *Wortschatz 25*	79 – 80
26	**Fahren & Reisen**	**81 – 83**
	• *Wortschatz 26*	82 – 83

Vorwort

Liebe Kolleginnen, liebe Kollegen,

die Kultusministerkonferenz vom 20.10.2011 hat insbesondere die individuelle Förderung und Sprachförderung hervorgehoben. In den Bildungsplänen und -vereinbarungen aller Länder wird der Erwerb grundlegender Sprachkompetenzen festgehalten, wobei die interkulturelle Bildung fester Bestandteil der Bildungspläne ist. Für zugewanderte Schülerinnen und Schüler werden besondere Vorbereitungsklassen und Vorkurse angeboten. Der Migrationshintergrund dient dabei als Ansatzpunkt für eine besondere pädagogische Förderung, wobei Grundschulen und weiterführende Schulen besonderen Wert auf differenzierte Lernangebote und zusätzlichen Förderunterricht legen.

Der erste Band der neuen Reihe „Deutsch als Zweitsprache" für Vorbereitungsklassen und Vorbereitungskurse gibt Ihnen einen Schnellkurs zur Erarbeitung des Grundwortschatzes an die Hand. Die am Alltagsleben orientierten Themen sind bewusst auf den Einsatz in Grundschule und Sekundarstufe I zugeschnitten, an der Didaktik eines zeitgemäßen Unterrichtes ausgerichtet und berücksichtigen die heterogene Zusammensetzung Ihrer Klasse und unterstützen individuelles und differenzierendes Lernen. Die mündlichen und schriftlichen Übungen zum Wortschatztraining, die Bildkarten und zahlreiche spielerische Elemente sind vielseitig einsetzbar. In den nachfolgenden Bänden werden einzelne Themenbereiche aufgegriffen und vertieft, wobei Sie mit der kompletten Reihe ein vollständiges und umfangreiches Lehrwerk für die Arbeit mit Ihrer Vorbereitungsklasse erhalten. Die Wortschatzsammlung ist auch als Nachschlagewerk und Grundwortschatz ausgezeichnet geeignet.

Viel Erfolg beim Einstieg in die Arbeit mit Ihrer Vorbereitungsklasse wünschen Ihnen der Kohl-Verlag und

Rena Thormann

Rena Thormann ist Lehrerin an einer Grund- und Werkrealschule in Karlsruhe und in der Fortbildung mit ihrem Thema „Deutsch als Zweitsprache" tätig. Sie arbeitet als Fachberaterin Unterricht/DaZ beim Staatlichen Schulamt Karlsruhe und ist Mitglied im Arbeitskreis zur Erstellung einer Handreichung für Deutsch als Zweitsprache, Sekundarstufe I.

Methodisch-didaktische Überlegungen

Es wird empfohlen, mit den Themenangeboten 1-5 auch in dieser Reihenfolge zu beginnen. Die Reihenfolge der weiteren Inhalte ist bis auf die jahreszeitlich gebundenen Themen frei wählbar und richtet sich nach individuellen Bedürfnissen und aktuellen Entwicklungen. Sie werden mit eigenen Vorlagen ergänzt und von realen Gegenständen und originalen Begegnungen begleitet (Lerngänge; Besuche von Gebäuden, Räumen und Institutionen usw.). Die Bildvorlagen und Wortschatzlisten der 28 Themenangebote sind als Kopiervorlagen für die Hand der Lernenden entwickelt, wobei phonetische Übungen zu jeder Zeit berücksichtigt werden. Die Aufgaben zu einigen Themen werden in Einzel- oder Partnerarbeit gelöst.

Die folgenden Überlegungen zu den einzelnen Themen sind ergänzende Vorschläge. Eine Umsetzung hängt ab von Altersstufe, Wissensstand, Zeitbudget, individueller Unterrichtsplanung und Zielsetzungen.

1 Sommerferien
Eigene Ferienfotos ergänzen den Vorschlag und dienen als Sprechimpuls über individuelle Ferienziele, -gestaltungen und -erlebnisse.

2 Alphabet
Die Gruppe stellt sich alphabetisch auf nach Vornamen, Nachnamen, Mädchen und/oder Jungen.

3 Sich vorstellen
Die Redewendungen und Sprachmuster werden in wechselnden Dialogen geübt.

4 Farben
Die Farben werden an realen Gegenständen und im Ratespiel: „Ich sehe was, was du nicht siehst und das ist ...." geübt.

5 In der Schule
Ausgehend von den im Klassenraum zur Verfügung stehenden „Schulsachen" wird der Wortschatz erarbeitet.

6 Hobbys
Die Schülerinnen und Schüler stellen ihr Hobby vor und bringen Zubehör im Rahmen der Möglichkeiten mit (z.B. Inliner, Tennisschläger, usw.).

7 Sportarten
Die Gruppenmitglieder listen ihre individuellen Sportarten auf. Die Gruppe errät pantomimisch dargestellte Sportarten.

8 Tiere
Ein Besuch im Zoo, im Tiergehege usw. begleitet die Wortschatzerarbeitung. In sechs Gruppen werden Tiere im Haus, im Zoo, im Wald, auf der Wiese, auf dem Bauernhof und im Wasser gefunden und in einer Präsentation vorgestellt.

9 Körper
Ein mitgebrachter Hund unterstützt die Erarbeitung der Körperteile des Hundes. Die Körperteile des Menschen werden auch in Partnerarbeit gezeigt und geübt. Die Adjektive werden spielerisch dargestellt.

10 Outfit
Ein Besuch in einem örtlichen Bekleidungsgeschäft und das Sammeln von Begriffen zum Thema Kleidung kann als Einstieg dienen. Die Beschreibung der Kleidung der Klassenmitglieder begleitet die Erarbeitung.

11 Uhr & Uhrzeiten
Einfache Übungen an der Lernuhr und Lesen von z.B. Busfahrplänen unterstützen das Erlernen der Zeitbestimmungen.

Band 1
Deutsch als Zweitsprache
in Vorbereitungsklassen

Rena Thormann

1

Schnellkurs Grundwortschatz

- Wortschatz in Bildern & Vokabellisten
- Themenbereiche aus dem Alltag
- Grundschule & Sekundarstufe

Lernen mit Erfolg
KOHL VERLAG

www.kohlverlag.de

Deutsch als Zweitsprache
Band 1: Schnellkurs Grundwortschatz

6. Auflage 2025

© Kohl-Verlag, Kerpen 2013
Alle Rechte vorbehalten.

Inhalt: Rena Thormann
Coverbild: © clipart.com
Redaktion: Kohl-Verlag
Grafik & Satz: Kohl-Verlag
Druck: elanders Druck, Waiblingen

Bestell-Nr. 11 421

ISBN: 978-3-86632-202-8

Das vorliegende Werk und seine Teile sind urheberrechtlich geschützt. Jede Nutzung in anderen als den gesetzlich zugelassenen Fällen bedarf der vorherigen schriftlichen Einwilligung des Verlages. Hinweis zu § 52a UrhG: Weder das Werk noch seine Teile dürfen ohne eine solche Einwilligung eingescannt und in ein Netzwerk oder das Internet eingestellt werden. Dies gilt auch für Intranets von Schulen und sonstigen Bildungseinrichtungen.

Kontakt: Kohl-Verlag, An der Brennerei 37-45, 50170 Kerpen
Tel: +49 2275 331610, Mail: info@kohlverlag.de

Der vorliegende Band ist eine Print-Einzellizenz

Sie wollen unsere Kopiervorlagen auch digital nutzen? Kein Problem – fast das gesamte KOHL-Sortiment ist auch sofort als PDF-Download erhältlich! Wir haben verschiedene Lizenzmodelle zur Auswahl:

	Print-Version	PDF-Einzellizenz	PDF-Schullizenz	Kombipaket Print & PDF-Einzellizenz	Kombipaket Print & PDF-Schullizenz
Unbefristete Nutzung der Materialien	x	x	x	x	x
Vervielfältigung, Weitergabe und Einsatz der Materialien im eigenen Unterricht	x	x	x	x	x
Nutzung der Materialien durch alle Lehrkräfte des Kollegiums an der lizenzierten Schule			x		x
Einstellen des Materials im Intranet oder Schulserver der Institution			x		x

Die erweiterten Lizenzmodelle zu diesem Titel sind jederzeit im Online-Shop unter www.kohlverlag.de erhältlich.

Methodisch-didaktische Überlegungen

12 Essen & Trinken
Ein Besuch der Schulküche mit Übungen zu vorhandenen Lebensmitteln und Ausrüstung begleiten die Kopiervorlagen. In Kleingruppen wird Obstsalat mit Präsentation der Zutaten gemacht.

13 Wetter
Die folgenden Unterrichtsstunden beginnen jeweils mit der Erklärung der aktuellen Wetterlage in einer Einzel- oder Partnerpräsentation.

14 Winter
Der Wortschatz wird mit Hilfe der auf Folie kopierten Bildvorlage erarbeitet.

15 Advent & Weihnachten
Der Besuch eines weihnachtlich ausgerichteten Blumengeschäftes dient als Einstieg ins Thema. Das Backen von Weihnachtsplätzchen in der Schulküche schließt das Thema.

16 Neues Jahr & Kalender
In Kleingruppen werden Geburtstagskalender erstellt, die Daten werden in einen Klassenkalender übertragen.

17 Fasching & Karneval
Eigene Kostüme und Verkleidungen werden vorgestellt und beschrieben.

18 Wohnung
Das Klassenzimmer wird beschrieben. Ein realer oder fiktiver Plan der eigenen Wohnung wird gezeichnet und vorgestellt.

19 Berufe
Berufe und entsprechende Tätigkeiten von Familienmitgliedern werden erfragt und in der Klasse präsentiert. Eine Verbindung mit Thema 27 Familie bietet sich an dieser Stelle an.

20 Werkzeug & Zubehör
In Kleingruppen werden Werkzeuge ausgesuchten Berufen zugeordnet und präsentiert. In szenischen Rollenspielen werden Beruf und Werkzeuge pantomimisch dargestellt und von den Zuschauern verbalisiert.

21 Im Büro (Schreibtisch)
Ein Besuch des Schulsekretariats unterstützt das Erlernen des Vokabulars.

22 Gastronomie (Küche)
Die Schulküche wird erkundet. Im Essensbereich werden Spielszenen „Im Restaurant" vorbereitet und mit der Speisekarte umgesetzt.

23 Ostern
Der Besuch einer Kirche begleitet die Beschreibung des christlichen Hintergrundes von Ostern, gefolgt von einer kurzen Darstellung der sich daraus entwickelten Form, die vor allen Dingen an Kindern orientiert ist.

24 Frühling & Frühlingsblumen
Ein Lerngang in den Park/die Stadt/den Wald in Verbindung mit der Kopiervorlage bietet sich an.

25 Familie
Der fiktive Stammbaum wird auf Folie kopiert, gemeinsam werden die verwandtschaftlichen Beziehungen der Familienmitglieder erarbeitet. Schilderungen eigener familiärer Beziehungen werden gegebenenfalls mit mitgebrachten Familienfotos präsentiert.

26 Fahren & Reisen
Je nach den örtlichen Möglichkeiten werden Teilbereiche des Wortschatzes am Bahnhof oder Flughafen erlebt und erlernt.

1 Sommerferien

1 Sommerferien

Fülle die Tabelle aus.

	Sommerwörter	Schreibe die Wörter ab
1	die Berge	
2	die Frau	
3	der Himmel	
4	der Liegestuhl	
5	die Palme	
6	die Pflanze	
7	der Schatten	
8	der Strand	
9	die Wellen	
10	die Wolken	

Male die Farben.

Male bunt	Farbe	Male bunt	Farbe
	blau		schwarz
	braun		weiß
	gelb		
	grau		dunkelblau
	grün		dunkelgrün
	lila		hellblau
	orange		hellgrün
	rosa		
	rot		

Male die Gegenstände an.

Der Liegestuhl ist braun.

Die Palme ist grün.

Der Strand ist gelb.

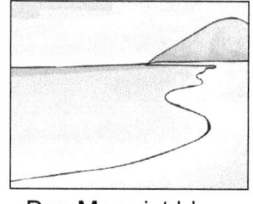

Das Meer ist blau.

2 Das deutsche Alphabet/ABC

Buchstabe	Der Buchstabe heißt ...	Finde Wörter mit ...
A a	Aaa	
B b	Bee	
C c	Tsee	
D d	Dee	
E e	Ee	
F f	Eff	
G g	Gee	
H h	Haa	
I i	Ii	
J j	Jott	
K k	Kaa	
L l	Ell	
M m	Emm	
N n	Enn	
O o	Oo	
P p	Pee	
Q q	Kuu	
R r	Err	
S s	Ess	
T t	Tee	
U u	Uu	
V v	Fau	
W w	Wee	
X x	Iks	
Y y	Ypsilon	
Z z	Zett	
Weitere deutsche Buchstaben		
Ä ä	A-Umlaut	
Ö ö	O-Umlaut	
Ü ü	U-Umlaut	
ß	Eszett	
Eu eu	Oii	
Ei ei	Aii	
Au au	Au	
Äu äu	Oi-Zwielaut	
St st	Scht	
Sp sp	Schp	
Sch sch	Sch	
ch	Ch	
chs	Ks	

2 Das deutsche Alphabet/ABC

	Die deutschen Buchstabenkombinationen		
groß	klein	Beispiel	
Ä	ä	die Äpfel	
Ö	ö	der Fön	
Ü	ü	das Küken	
Au	au	das Auto, die Maus	
Äu	äu	das Häuschen	
Ch	ch	der Christbaum, das Dach	
	ch	der Elch	
	ck	die Decke	
Pf	pf	das Pferd	
Qu	qu	die Qualle	

Seite 11

2 Das deutsche Alphabet/ABC

Die deutschen Buchstabenkombinationen			
groß	klein	Beispiel	
Ei	ei	der Eimer	
Eu	eu	die Eule	
	ie	die Ziege	
St	st	der Storch	
	st	der Hamster	
Sp	sp	die Spinne	
	sp	die Wespe	
Sch	sch	das Schaf	
	ng	die Schlange	
	tz	die Katze	

Seite 12

3 Sich vorstellen

1. Ich heiße _____

2. Ich bin _____ Jahre alt.

3. Ich komme aus _____

4. Ich wohne in der _____

5. Ich wohne in _____

6. Meine Lehrerin heißt _____

Frage deine Freundin oder deinen Freund!
Frage deine Schwester oder deinen Bruder!

Wie heißt du?	
Wie alt bist du?	
Woher kommst du?	
Wo wohnst du?	
Wie heißt deine Lehrerin	

Schreibe Sätze über deine Freundin / deinen Freund!
Schreibe Sätze über deinen Bruder / deine Schwester!

er	**sie**
er ist er wohnt er kommt aus	sie ist sie wohnt sie kommt aus

4 Farben

Male an!

rot

blau

gelb

grün

orange

rosa

braun

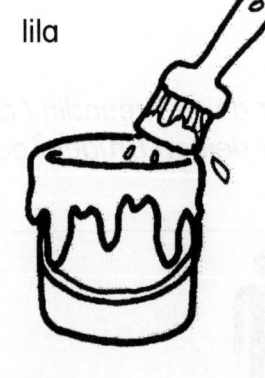
lila

schwarz

bunt
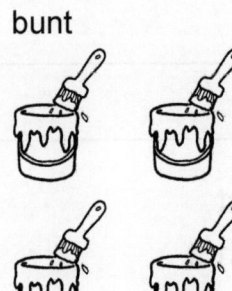

4 Farben

Trage die Farbe zur Zahl in die Blume ein!

1	gelb
2	orange
3	rot
4	lila
5	rosa

6	blau
7	grün
8	braun
9	grau
10	schwarz

11	weiß
12	hellblau
13	dunkelblau
14	hellgrün
15	dunkelgrün

4 Farben

Wortschatz 3 & 4

	deutsches Wort	Schreibe es ab	In deiner Sprache
sich vorstellen			
1	ich heiße		
2	ich wohne		
3	ich bin		
4	er heißt		
5	er wohnt		
6	er ist		
7	sie heißt		
8	sie wohnt		
9	sie ist		
10	die Jahre		
11	die Straße		
12	alt		
13	in		
14	mein, meine		
15	die Lehrerin		
16	der Lehrer		
17	die Freundin		
18	der Freund		
19	die Schwester		
20	der Bruder		
21	Wie heißt du?		
22	Wie alt bist du?		
23	Wo wohnst du?		
24	Woher kommst du?		
25	Wer ist das?		
Farben			
26	blau		
27	braun		
28	gelb		
29	grau		
30	grün		
31	lila		
32	orange		
33	rosa		
34	rot		
35	schwarz		
36	weiß		
37	dunkelblau		
38	hellblau		
39	dunkelgrün		
40	hellgrün		
41	bunt		

5 In der Schule

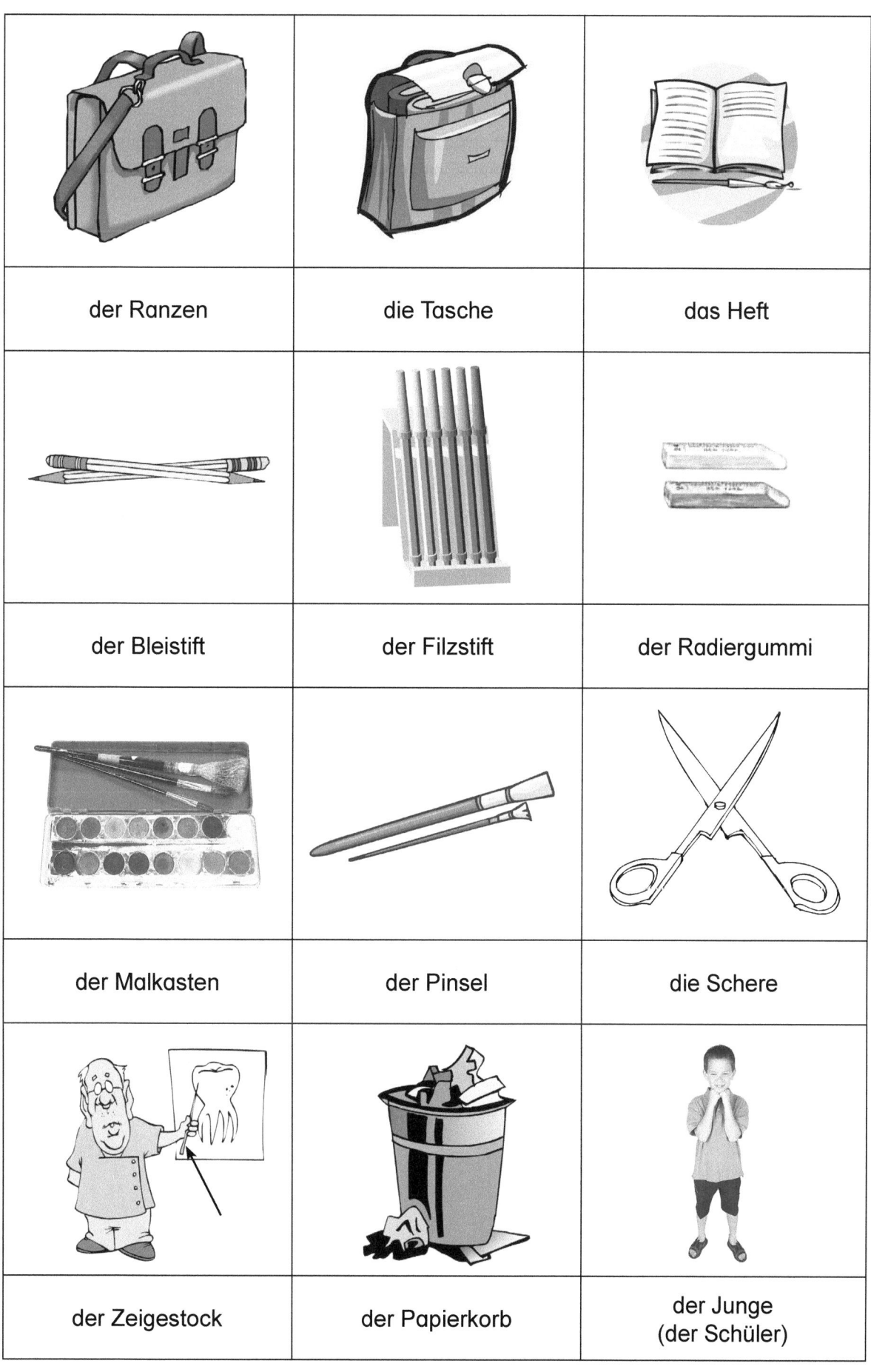

5 In der Schule

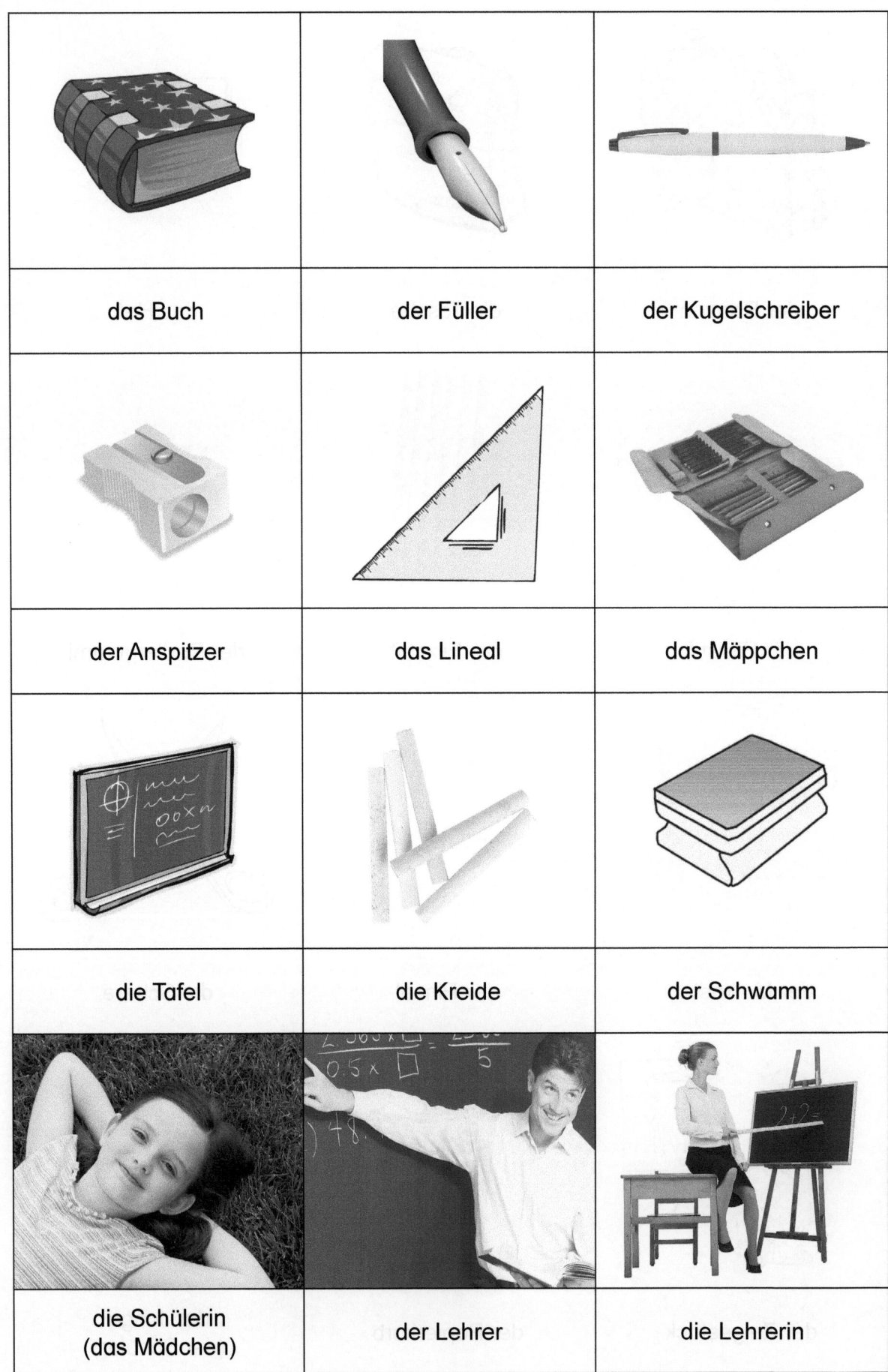

5 In der Schule

Wortschatz 5

	deutsches Wort	Schreibe es ab	In deiner Sprache
Substantive			
1	der Anspitzer		
2	der Bleistift		
3	das Buch		
4	der Füller		
5	das Heft		
6	die Klasse		
7	die Kreide		
8	der Kugelschreiber/der Kuli		
9	die Landkarte		
10	der Lehrer		
11	die Lehrerin		
12	das Lineal		
13	der Malkasten		
14	das Mäppchen		
15	der Papierkorb		
16	der Pinsel		
17	der Radiergummi		
18	der Ranzen		
19	die Schere		
20	der Schreibtisch		
21	die Schultasche		
22	die Schule		
23	der Schüler		
24	die Schülerin		
25	der Schwamm		
26	die Tafel		
27	der Zeigestock		
Verben			
28	aufschreiben		
29	aufmachen		
30	kleben		
31	lesen		
32	malen		
33	rechnen		
34	schneiden		
35	schreiben		
36	unterstreichen		

6 Hobbys

angeln	Ballon fliegen	basteln	boxen
Briefmarken sammeln	im Chor singen	Computer spielen	Eishockey spielen
eislaufen	filmen / fotografieren	ins Fitnessstudio gehen	Fußball spielen
Handarbeiten machen	ein Haustier halten	ein Instrument spielen	Judo machen
ins Kino gehen	kochen	lesen	malen

6 Hobbys

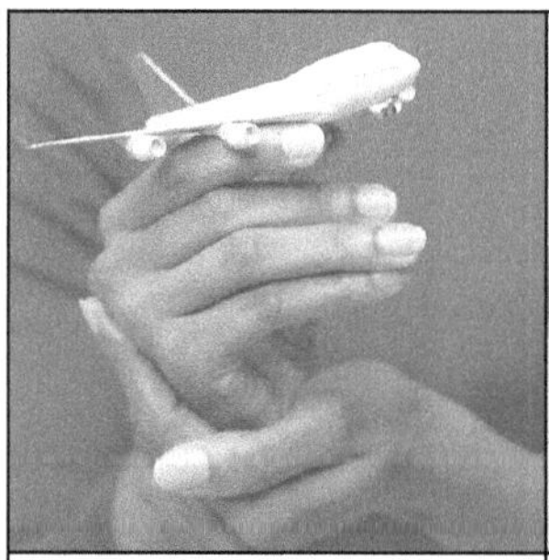 Modelle bauen	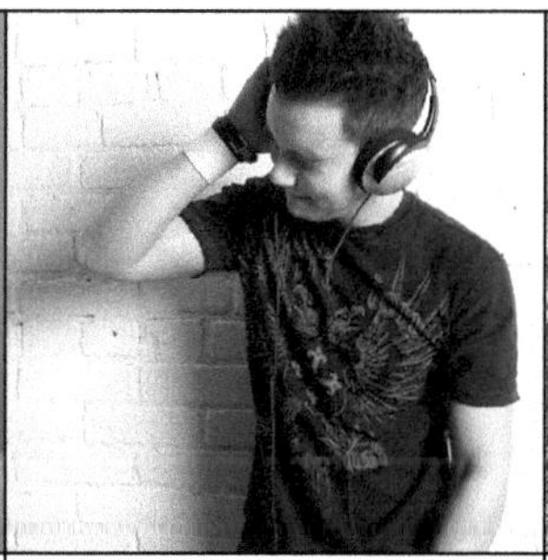 Musik hören	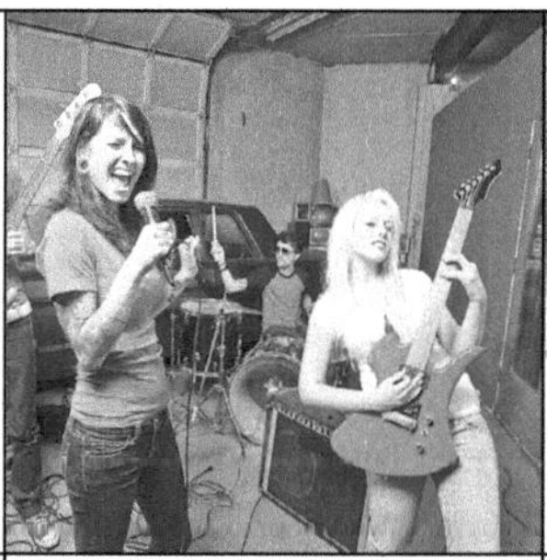 Musik machen	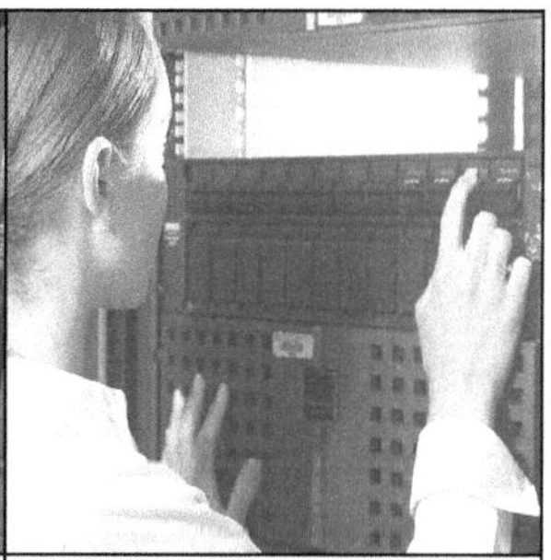 programmieren
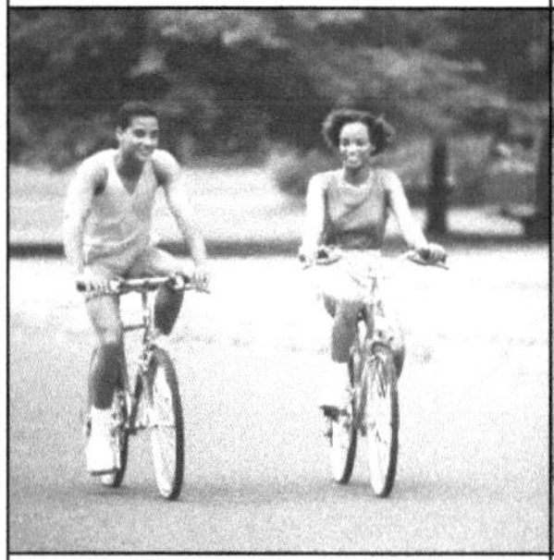 Rad fahren	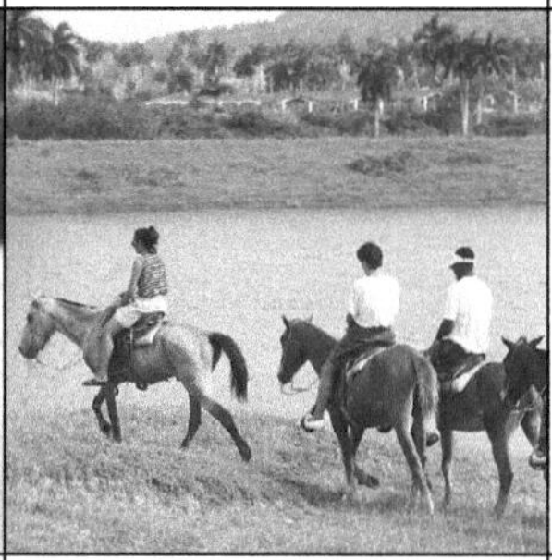 reiten	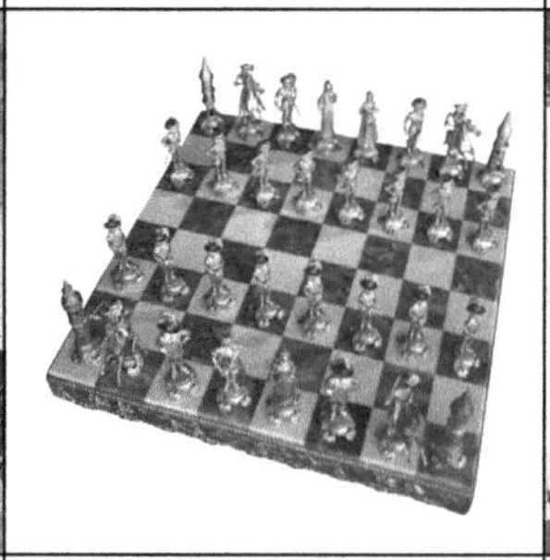 Schach spielen	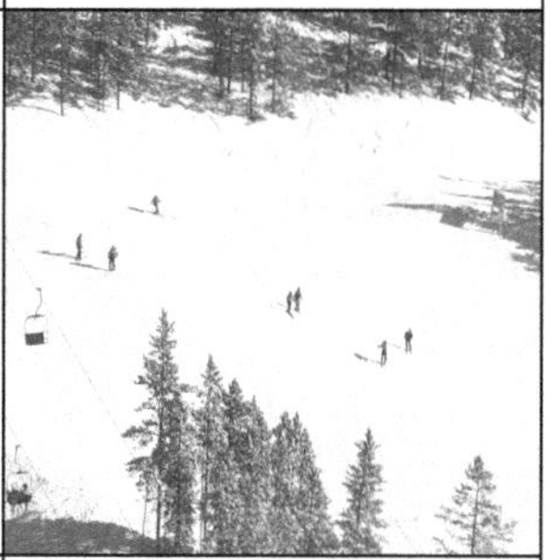 Schi (Ski) fahren
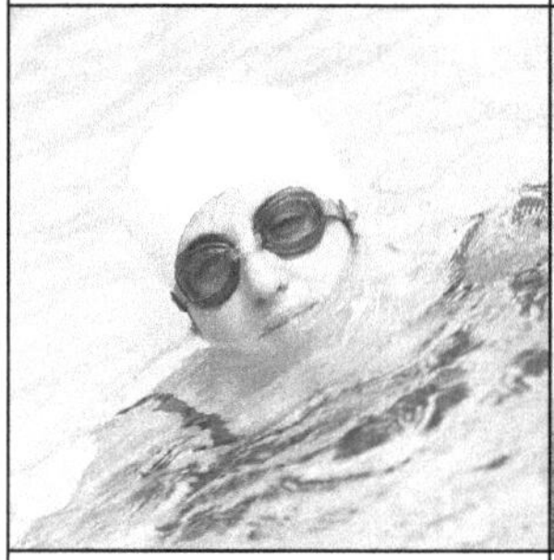 schwimmen	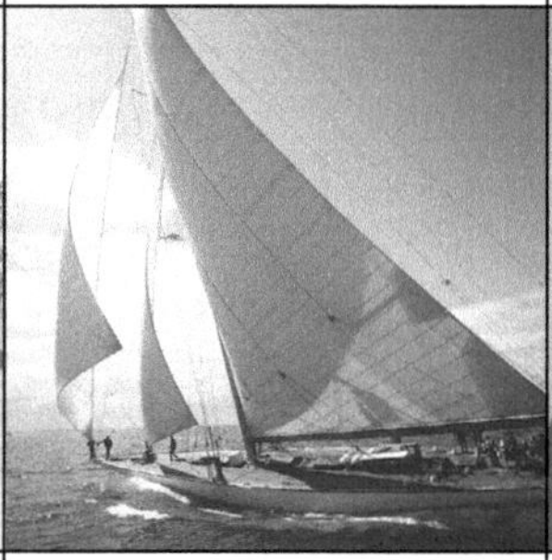 segeln	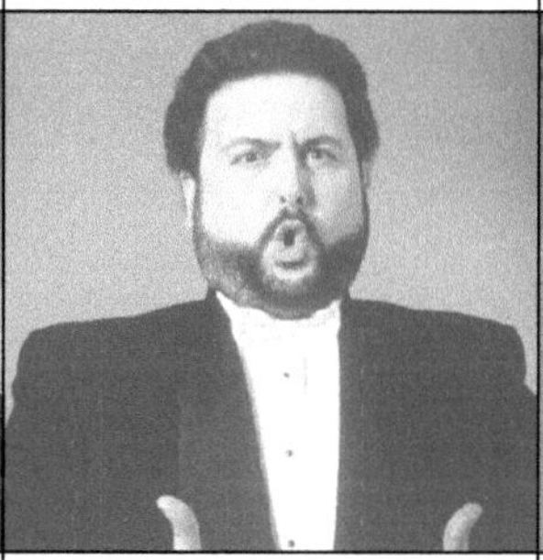 singen	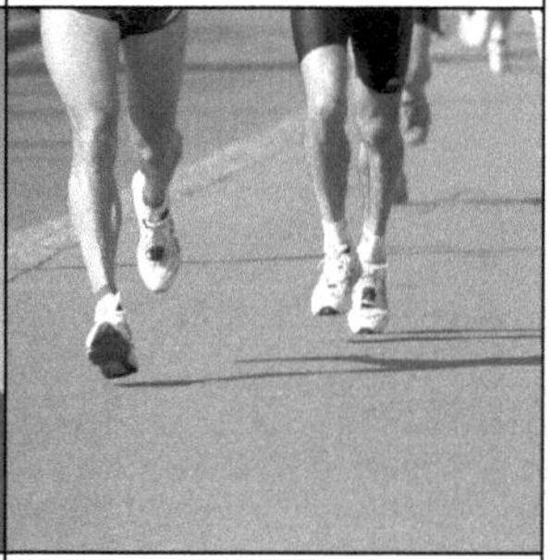 Sport treiben
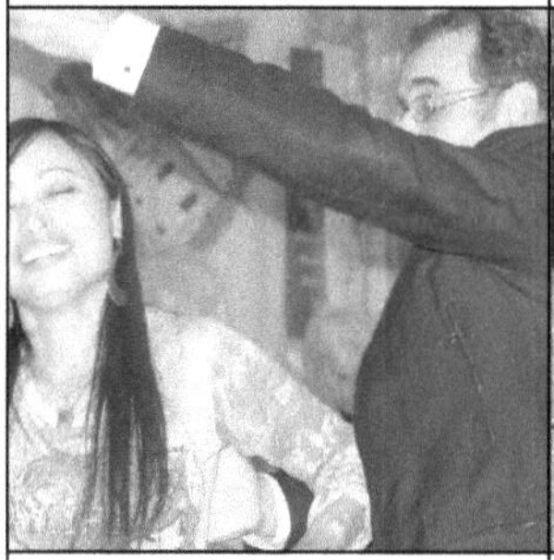 tanzen	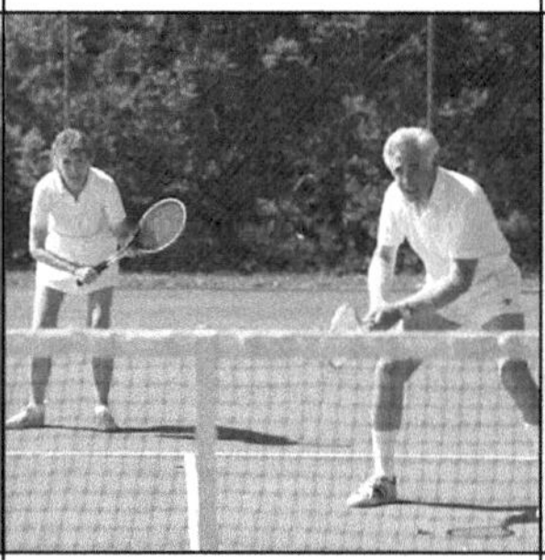 Tennisspielen	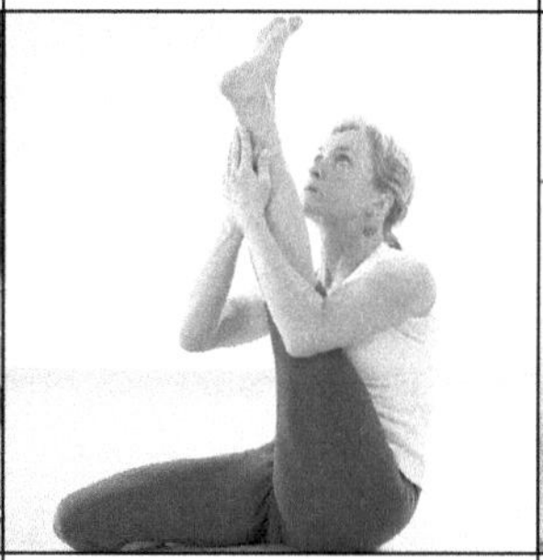 turnen	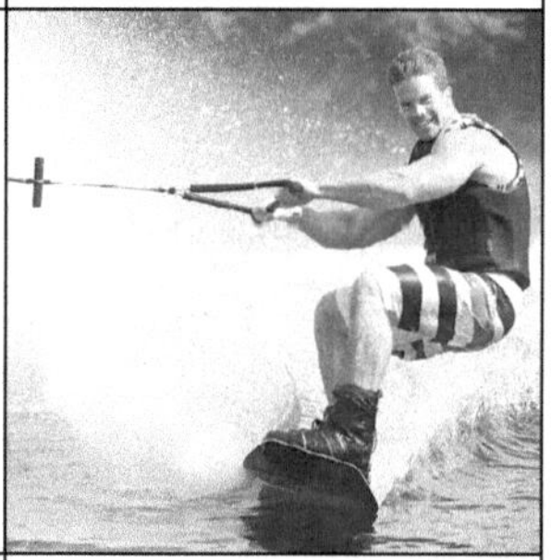 Wasserski fahren
Webseiten gestalten	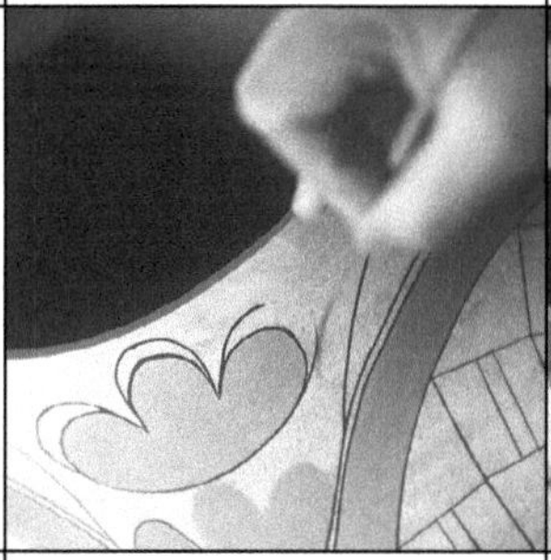 zeichnen	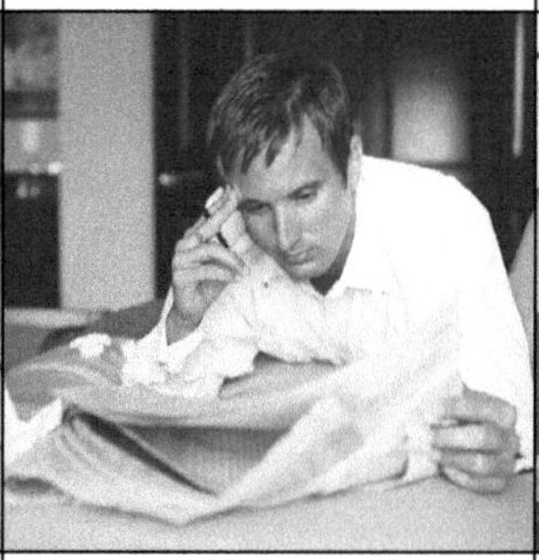 Zeitung lesen	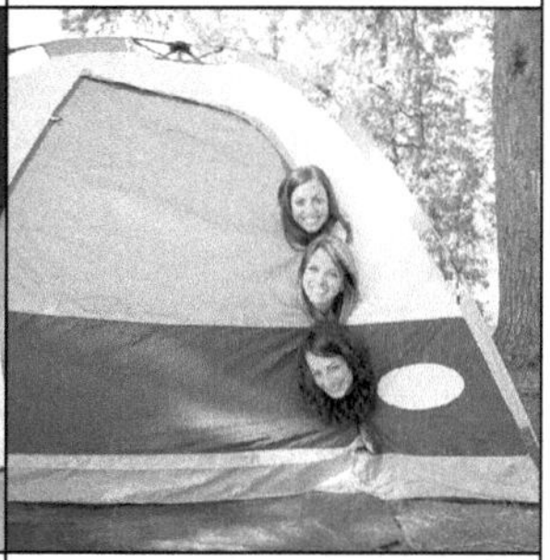 zelten (campen)

7 Sportarten

Basketball	Beachvolleyball	Boxen	Eishockey	Eislaufen
Eisschnelllauf	Fechten	Fußball	Gewichtheben	Golf
Handball	Hockey	Kanu / Kajak	Leichathletik	Polo
Rad fahren	Reiten	rhythm. Sportgymnastik	Ringen	Rodeln
Rudern	Rugby	Schießen	Schwimmen	Skateboard
Skilaufen	Skispringen	Surfen	Tauchen	Tennis
Tischtennis	Turnen	Volleyball	Wasserball	Wasserspringen

Seite 22

7 Sportarten

Wortschatz 6 & 7

	deutsches Wort	Schreibe es ab	In deiner Sprache
Substantive			
1	(das) Angeln		
2	(das) Ballonfliegen		
3	(das) Basteln		
4	(das) Beachvolleyball		
5	(das) Boxen		
6	(das) Briefmarkensammeln		
7	im Chor singen		
8	(das) Eishockey		
9	(das) Eislaufen		
10	(das) Fußballspielen		
11	(das) Gitarre spielen		
12	(das) Halten von Haustieren		
13	(das) Inlineskaten		
14	ins Kino gehen		
15	(das) Klavier spielen		
16	(die) Leichtathletik		
17	(das) Lesen		
18	(das) Malen		
19	(der) Modellbau		
20	(das) Musikhören		
21	(das) Radfahren		
22	(das) Reiten		
23	(das) Rodeln		
24	(das) Schachspielen		
25	(das) Schwimmen		

7 Sportarten

26	(das) Segeln		
27	(das) Skifahren		
28	(das) Surfen		
Substantive			
29	(das) Tanzen		
30	(das) Tauchen		
31	(das) Turnen		
32	(der) Wasserball		
33	(das) Wasserskifahren		
34	(das) Zeichnen		
Adjektive			
35	doof		
36	grausam		
37	gut		
38	interessant		
39	klasse		
40	langweilig		
41	spitze		
Meinung äußern			
42	Ich bin gut in ...		
43	Ich bin nicht gut in ...		
44	Ich finde ... interessant.		
45	Ich habe ... gern.		
46	Ich habe ... nicht gern.		
47	Ich interessiere mich für ...		
48	Ich mag ...		
49	Ich mag ... gern.		
50	Ich mag ... überhaupt nicht.		

8 Tiere

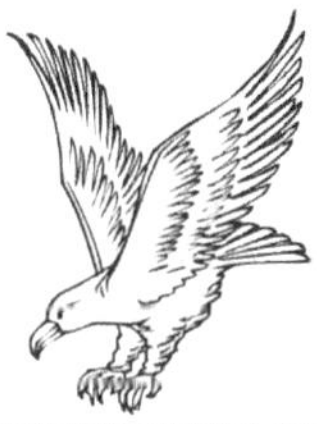 der Adler	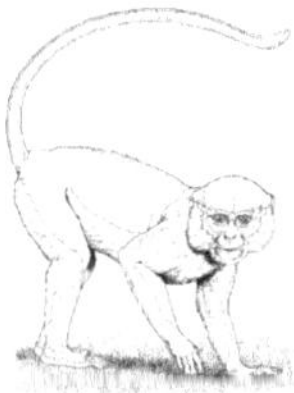 der Affe	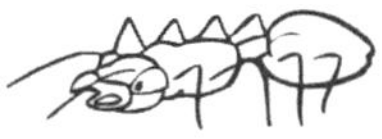 die Ameise	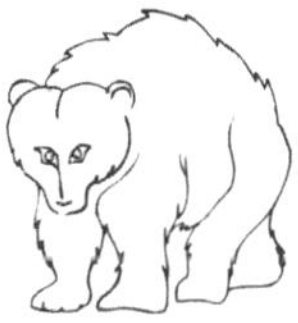 der Bär	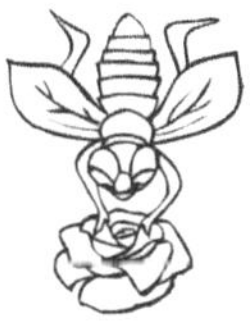 die Biene
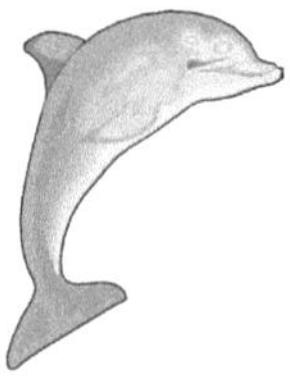 der Delfin	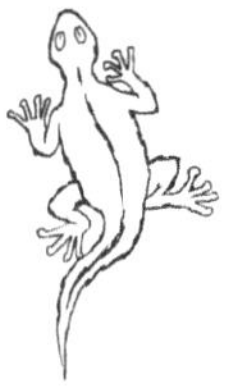 die Echse	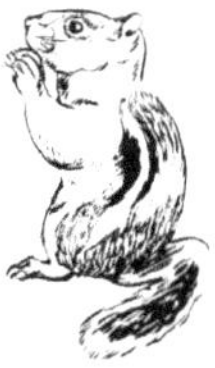 das Eichhörnchen	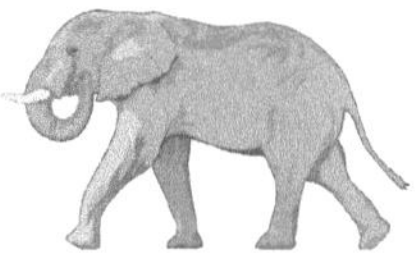 der Elefant	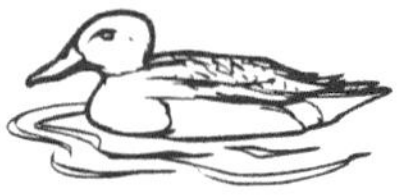 die Ente
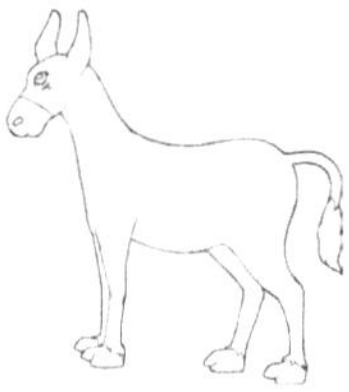 der Esel	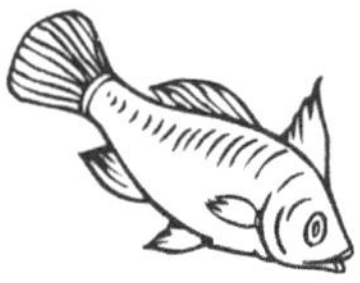 der Fisch	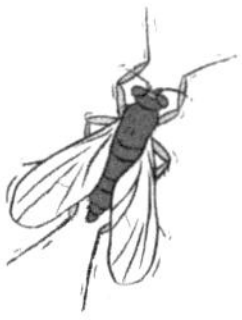 die Fliege	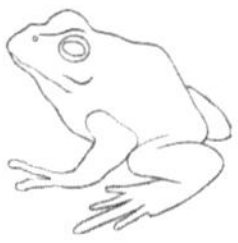 der Frosch	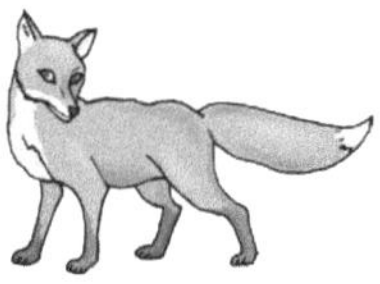 der Fuchs
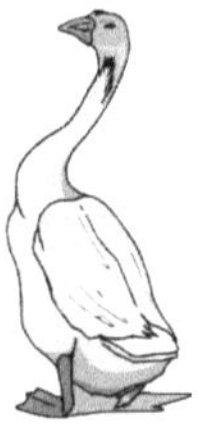 die Gans	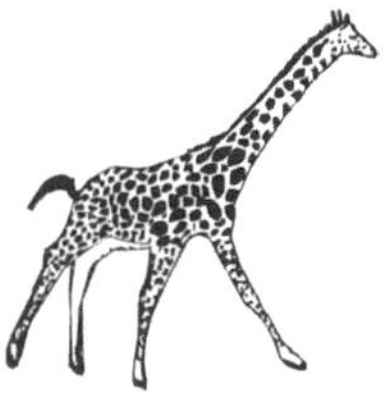 die Giraffe	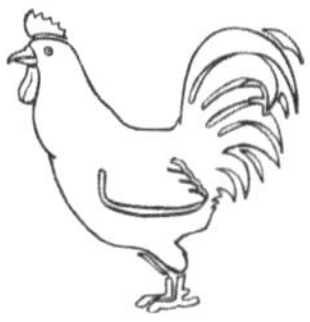 der Hahn	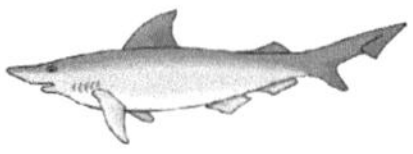 der Hai	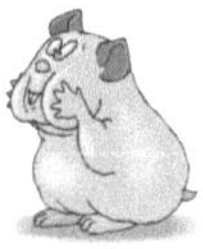 der Hamster
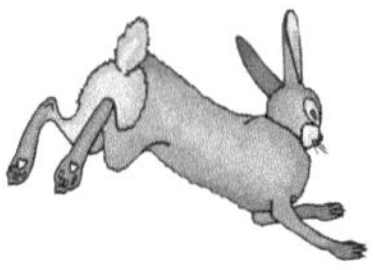 der Hase	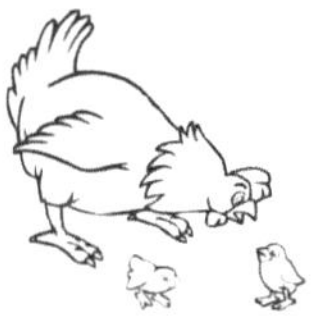 die Henne	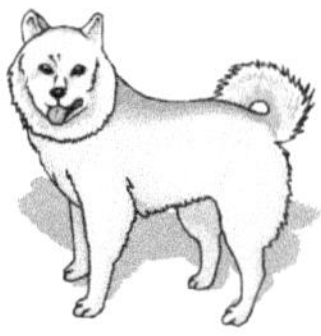 der Hund	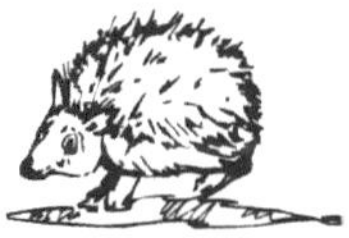 der Igel	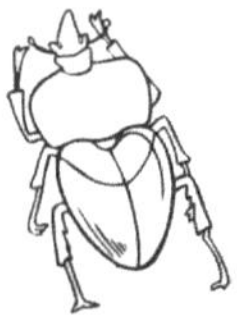 der Käfer
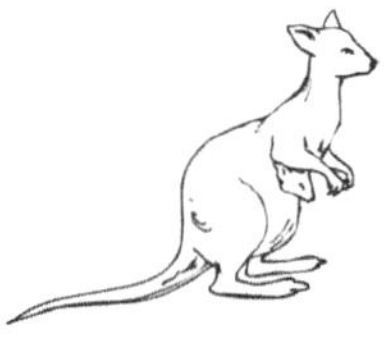 das Känguru	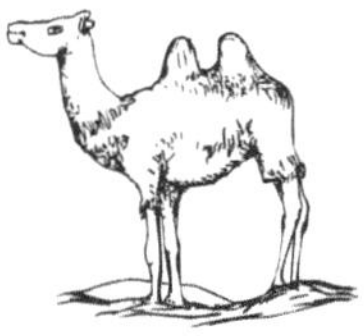 das Kamel	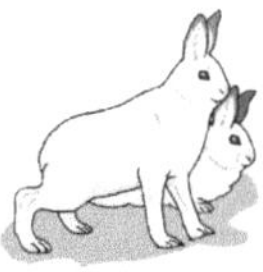 das Kaninchen	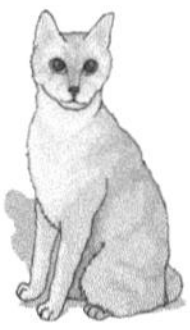 die Katze	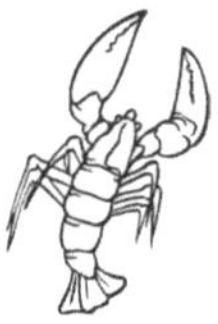 der Krebs

Seite 25

8 Tiere

das Küken	die Kuh	der Löwe	die Maus	die Muschel
der Papagei	das Pferd	der Pinguin	die Qualle	die Raupe
der Regenwurm	das Reh	das Schaf	die Schildkröte	die Schlange
die Schnecke	das Schwein	der Seelöwe	das Seepferdchen	der Seestern
die Spinne	der Stier	der Tiger	der Vogel	der Wal
der Wellensittich	die Wespe	das Wildschwein	das Zebra	die Ziege

8 Tiere

Tiere im Haus

der Hund	die Katze	der Hamster	die Schildkröte
das Meerschweinchen	der Wellensittich	der Papagei	das Kaninchen

Tiere auf der Wiese und am See

der Regenwurm	die Maus	die Schnecke	die Biene
die Fliege	der Frosch	die Schlange	der Hase
das Kaninchen	die Ente	der Schmetterling	

8 Tiere

Tiere im Zoo

der Affe	der Bär	der Elefant	die Giraffe
das Kamel	das Känguru	das Krokodil	der Löwe
das Nilpferd	der Pinguin	die Schlange	der Seelöwe
der Tiger	das Zebra		

Tiere im Wald

das Eichhörnchen	der Fuchs	der Käfer	die Ameise
das Wildschwein	das Reh	die Raupe	der Igel

8 Tiere

Tiere auf dem Bauernhof

die Ente	der Esel	die Gans	der Hahn
die Henne	die Kuh	das Küken	das Pferd
das Schaf	das Schwein	der Stier	die Ziege

Tiere im Wasser

der Fisch	der Hai	der Krebs	die Muschel
die Qualle	das Seepferdchen	der Wal	

Seite 29

8 Tiere

Wortschatz 8

	deutsches Wort	Schreibe es ab	Auswendig schreiben
Substantive			
Haustiere			
1	der Hamster		
2	der Hund		
3	das Kaninchen		
4	die Katze		
5	die Schildkröte		
6	der Papagei		
7	das Meerschweinchen		
8	der Wellensittich		
Tiere im Zoo			
9	der Affe		
10	der Bär		
11	der Elefant		
12	die Giraffe		
13	das Kamel		
14	das Känguru		
15	das Krokodil		
16	der Löwe		
17	das Nilpferd		
18	der Pinguin		
19	die Schlange		
20	der Seelöwe		
21	der Tiger		
22	das Zebra		
Tiere auf dem Bauernhof			
23	die Ente		
24	der Esel		
25	die Gans		
26	der Hahn		
27	die Henne		
28	die Kuh		
29	das Küken		
30	das Pferd		
31	das Schaf		
32	das Schwein		
33	der Stier		
34	die Ziege		

8 Tiere

	deutsches Wort	Schreibe es ab	Auswendig schreiben
Substantive			
Tiere auf der Wiese			
35	die Biene		
36	die Fliege		
37	der Frosch		
38	der Hase		
39	der Igel		
40	der Käfer		
41	die Raupe		
42	der Regenwurm		
43	der Schmetterling		
44	die Schnecke		
45	die Spinne		
Tiere im Wald			
46	die Ameise		
47	das Eichhörnchen		
48	der Fuchs		
49	der Hirsch		
50	das Reh		
51	der Vogel		
52	das Wildschwein		
Tiere im Wasser			
53	der Fisch		
54	der Hai		
55	der Krebs		
56	die Muschel		
57	die Qualle		
58	das Seepferdchen		
59	der Wal		
Verben			
60	hüpfen		
61	jagen		
62	kriechen		
63	liegen		
64	rennen		
65	schlafen		
66	schleichen		
67	schwimmen		
68	sitzen		
69	springen		

9 Körper

Der Hund

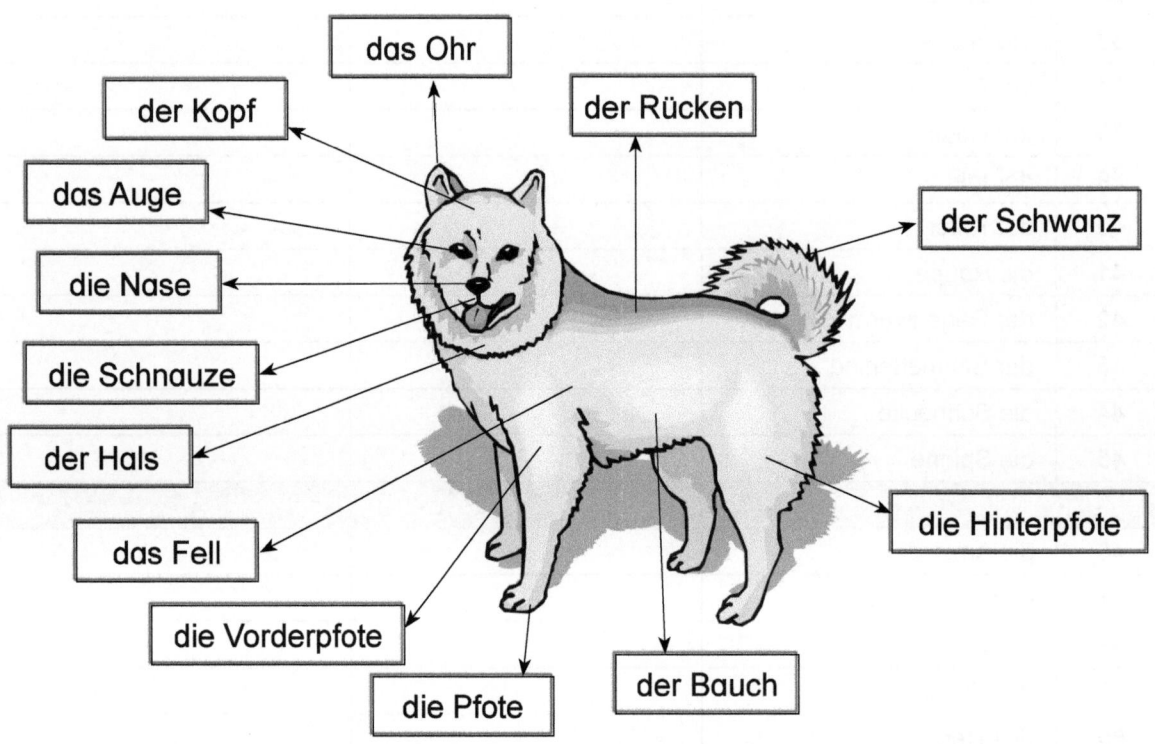

Setze die passenden Begriffe ein.

Am Kopf des Hundes befinden sich _____, _____,

_____ und _____ . Die vier Pfoten werden

unterschieden nach _____ und _____ .

Hinten befindet sich _____ . Der ganze Körper ist mit _____

bedeckt.

9 Körper

Der Mensch

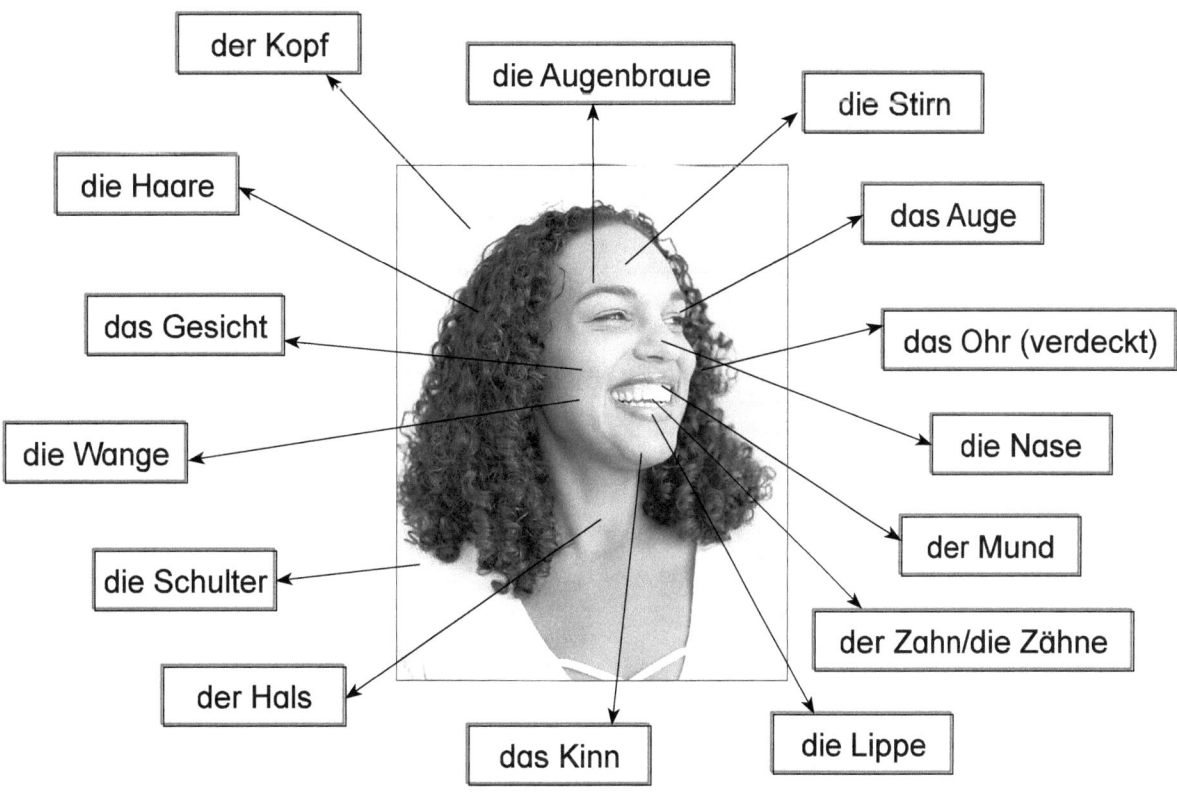

9 Körper

Der Mensch

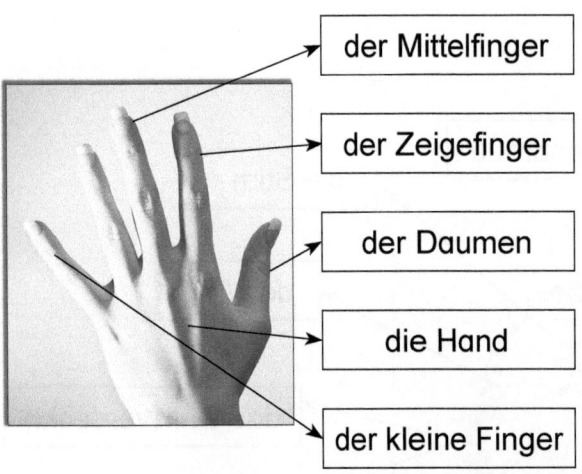

- der Mittelfinger
- der Zeigefinger
- der Daumen
- die Hand
- der kleine Finger

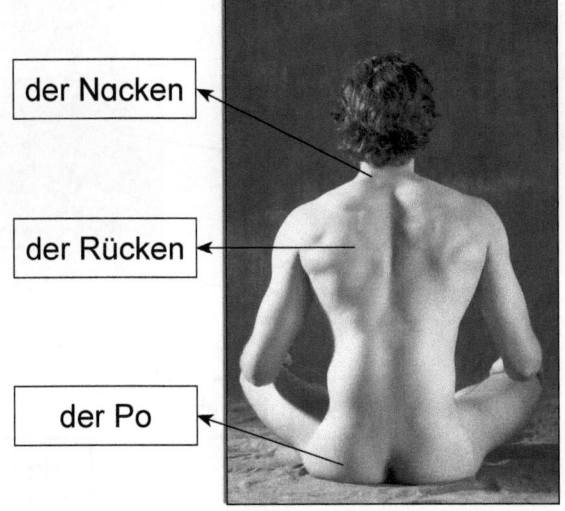

- der Nacken
- der Rücken
- der Po

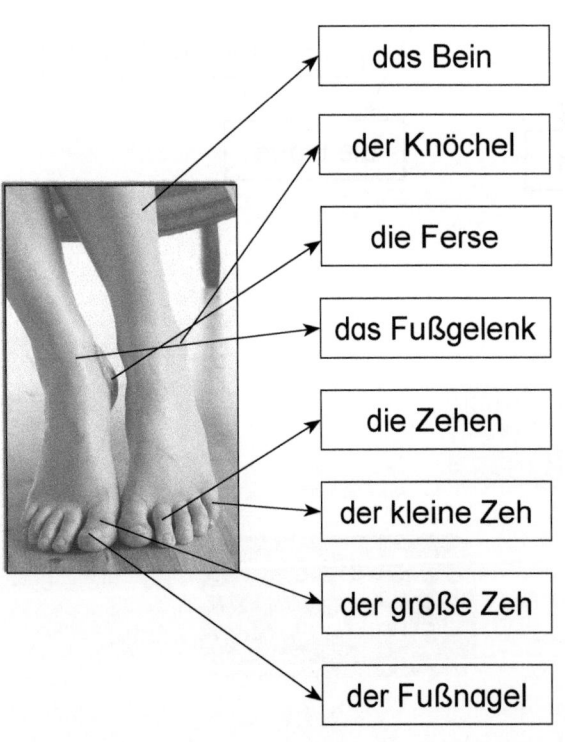

- das Bein
- der Knöchel
- die Ferse
- das Fußgelenk
- die Zehen
- der kleine Zeh
- der große Zeh
- der Fußnagel

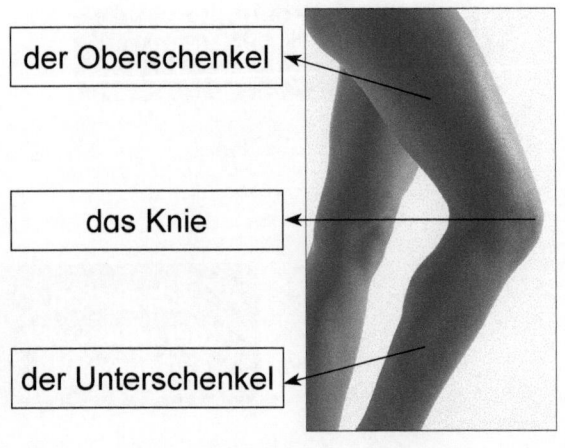

- der Oberschenkel
- das Knie
- der Unterschenkel

9 Körper

Der Mensch

groß – klein		groß		klein
lang – kurz		lang		kurz
dick – dünn		dick		dünn
hungrig – satt		hungrig		satt
müde – wach		müde		wach
jung – alt		jung		alt
gut – schlecht		gut		schlecht
laut – leise		laut		leise

9 Körper

Wortschatz 9

	deutsches Wort	Schreibe es ab	In deiner Sprache
Substantive			
1	der Arm		
2	das Auge		
3	der Bauch		
4	der Bauchnabel		
5	das Bein		
6	die Brust		
7	der Daumen		
8	der Ellenbogen		
9	das Fell		
10	die Ferse		
11	der Finger		
12	der kleine Finger		
13	der Fingernagel		
14	der Fuß		
15	das Fußgelenk		
16	der Fußnagel		
17	die Haare		
18	der Hals		
19	die Hand		
20	das Handgelenk		
21	die Haut		
22	das Kinn		
23	das Knie		
24	der Knöchel		
25	der Kopf		
26	der Mittelfinger		
27	der Mund		
28	die Nase		
29	der Nacken		
30	der Oberschenkel		
31	das Ohr		
32	der Po		
33	der Ringfinger		
34	der Rücken		
35	die Schnauze		
36	die Schulter		
37	der Schwanz		

9 Körper

	deutsches Wort	Schreibe es ab	In deiner Sprache
Substantive			
38	die Stirn		
39	der Unterschenkel		
40	der Zahn		
41	der Zeh		
42	der kleine Zeh		
43	der große Zeh		
44	der Zeigefinger		
Verben			
45	fühlen		
46	hören		
47	riechen		
48	schmecken		
49	sehen		
50	weh tun		
Adjektive			
51	alt		
52	laut		
53	dick		
54	dünn		
55	groß		
56	gut		
57	hungrig		
58	jung		
59	kurz		
60	lang		
61	leise		
62	klein		
63	müde		
64	satt		
65	schlecht		
66	wach		
Redewendungen			
67	Das tut mir leid.		
68	Gute Besserung!		
69	Mein ... tut weh.		
70	Mir geht es ...		
71	Schön dich zu sehen.		
72	Wie geht es Dir?		
73	Wo tut es weh?		

10 Outfit

die Unterwäsche					
der Büsten-halter/BH	die Leggings	der Slip	die Socken	die Strumpfhose
die Strümpfe	das Unterhemd	die Unterhose		

die Oberbekleidung für Mädchen und Damen					
der Blazer	die Bluse	das Kleid	der Rock	

die Oberbekleidung für Jungen und Herren					
die Fliege	das Hemd	das Sakko		

die Oberbekleidung für alle					
die Handschuhe	die Hose	der Hut	die Jacke	die Kappe
die Kapuze	die Krawatte	der Mantel	die Mütze	der Pullover
der Schal	das T-Shirt	die Weste		

10 Outfit

die Schuhe					
die Flipflops	die Hausschuhe	die Pumps	die Sandalen	die Schuhe
die Stiefel				
an der Kleidung				
der Knopf	der Kragen	der Reißverschluss		
der Schmuck				
das Armband	die Brosche	die Halskette	die Ohrringe	der Ring
für die Nacht				
das Nachthemd	der Schlafanzug			
zum Ausgehen, für Feste, Geschäftskleidung				
der Anzug	die Handtasche	das Kostüm		
Sonstiges				
die Brille	der Gürtel	der Kleiderbügel		

Seite 39

10 Outfit

Wortschatz 10

	deutsches Wort	Schreibe es ab	In deiner Sprache
Substantive			
1	der Anzug		
2	das Armband		
3	der Blazer		
4	die Bluse		
5	die Brille		
6	die Brosche		
7	der Büstenhalter / BH		
8	die Fliege		
9	die Flipflops		
10	der Gürtel		
11	die Halskette		
12	die Handschuhe		
13	die Handtasche		
14	die Hausschuhe		
15	das Hemd		
16	die Hose		
17	der Hut		
18	die Jacke		
19	die Kappe		
20	die Kapuze		
21	das Kleid		
22	die Kleider / die Kleidung		
23	der Kleiderbügel		
24	der Knopf		
25	das Kostüm		
26	der Kragen		
27	die Leggings		
28	der Mantel		
29	die Mode		
30	die Mütze		
31	das Nachthemd		
32	die Oberbekleidung		
33	die Ohrringe		
34	die Pumps		
35	der Pullover		
36	der Reißverschluss		
37	der Ring		
38	der Rock		
39	das Sakko		

10 Outfit

	deutsches Wort	Schreibe es ab	In deiner Sprache
Substantive			
40	die Sandalen		
41	der Schal		
42	der Schlafanzug		
43	der Schlips / die Krawatte		
44	der Schmuck		
45	die Schuhe		
46	der Slip		
47	die Socken		
48	die Stiefel		
49	die Strumpfhose		
50	die Strümpfe		
51	das T-Shirt		
52	das Unterhemd		
53	die Unterhose		
54	die Unterwäsche		
55	die Weste		
Verben			
56	anhaben		
57	anziehen		
58	ausziehen		
59	legen		
Adjektive			
60	altmodisch		
61	angezogen		
62	cool		
63	farbig		
64	modisch		
65	nackt / nackig		
66	ordentlich		
67	sauber		
68	schick		
69	schlampig		
70	sexy		
71	stylisch		
Redewendungen			
72	Er/Sie hat ... an.		
73	Ich ziehe ... an.		
74	... im Schrank		
75	... in die Wäsche		
76	Was hat ... an?		
77	Was ziehst du heute an?		

11 Uhr & Uhrzeiten

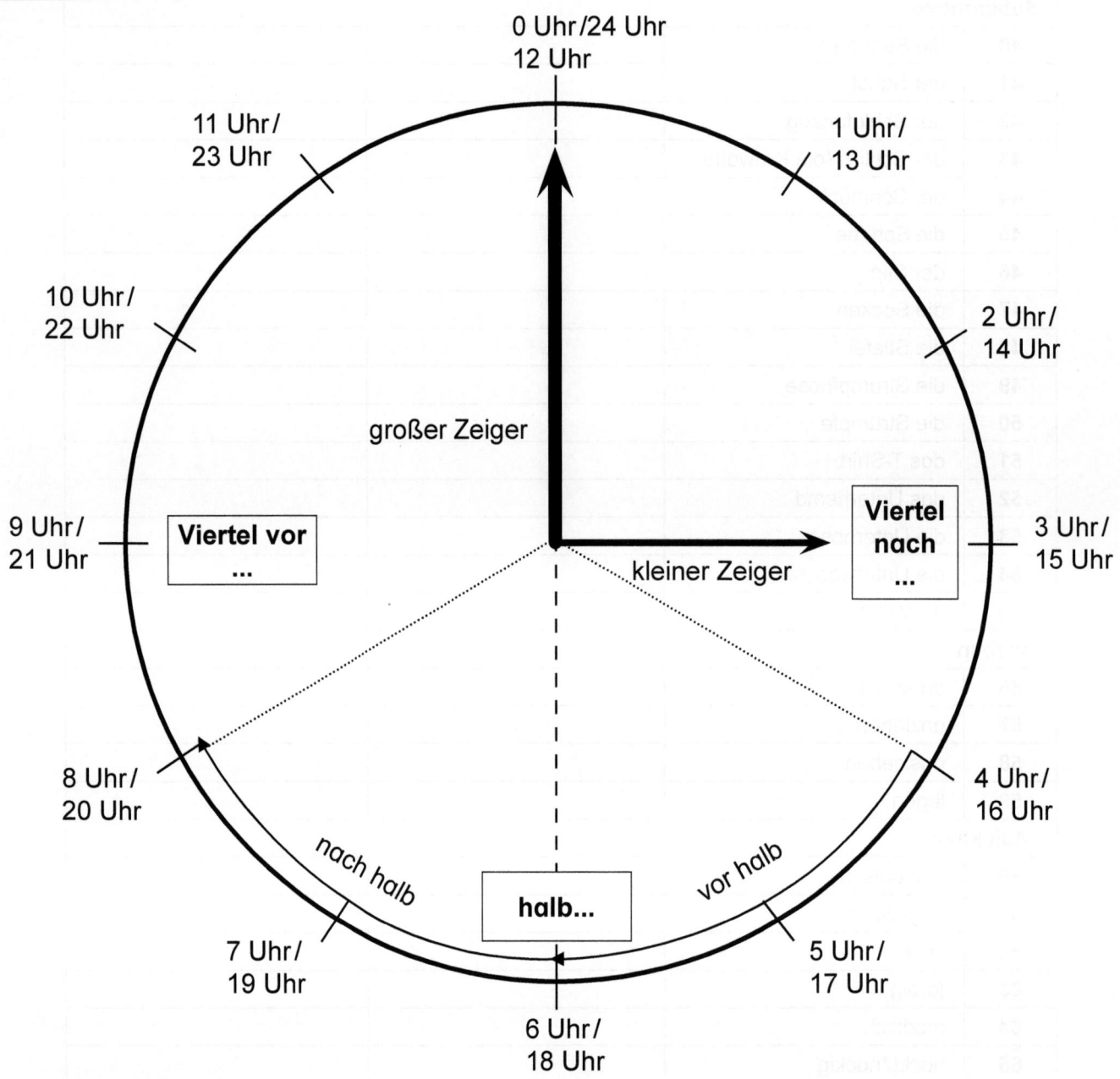

Wir fragen:

1. Wie spät ist es?

2. Wie viel Uhr ist es?

3. Wann .... ?

4. Um wie viel Uhr
    - kommst du nach Hause?
    - treffen wir uns?
    - fängt die Schule an?
    - machst du Hausaufgaben?
    - ist Sport?
    - ...

12 Essen & Trinken

das Obst					
die Ananas	der Apfel	die Banane	die Birne	die Erdbeere
die Kirsche	die Orange	die Pflaume	die Weintrauben	die Zitrone
das Brot / die Brötchen				
die Brezel	das Brot	das Brötchen	das Croissant	das Toastbrot
der Brotaufstrich				
die Butter	der Honig	die Margarine	die Marmelade	die Schokocreme
der Brotbelag				
der Fleischsalat	der Käse	die Salami	der Schinken	die Wurst
die Milch / Milchprodukte				
der Joghurt	der Käse	die Milch	der Quark	
die Eier				
das Ei / die Eier	das gekochte Ei	das Omelette	das Rührei	das Spiegelei

Seite 43

12 Essen & Trinken

das Gemüse

der Blumenkohl	die Bohnen	der Broccoli	die Erbsen	die Karotte
die Kartoffel	der Knoblauch	der Kohl	die Paprika	der Pilz
der Spinat	die Tomate	die Zwiebel		

das Fleisch / der Fisch

der Braten	die Bratwurst	der Fisch	das Hähnchen	das Schnitzel

das Dessert

das Eis	der Obstsalat	der Pudding		

die Getränke

der Apfelsaft	das Bier	die Cola	der Kaffee	der Kakao
die Limonade	der Orangensaft	der Tee	das Wasser	der Wein

12 Essen & Trinken

der Kuchen / das Gebäck				

die Kekse	der Kuchen	die Muffins	die Torte	der Tortenboden
die Gewürze / die Zutaten				
das Mehl	das Salz	der Pfeffer	der Senf	der Zucker
Sonstiges				
die Pommes Frites	die Suppe			

Was siehst du auf dem Tisch? Erzähle!

12 Essen & Trinken

Wortschatz 12

	deutsches Wort	Schreibe es ab	In deiner Sprache
Substantive			
1	die Ananas		
2	der Apfel		
3	der Apfelsaft		
4	die Banane		
5	das Bier		
6	die Birne		
7	der Blumenkohl		
8	die Bohne		
9	die Bratwurst		
10	die Brezel		
11	der Broccoli		
12	das Brot		
13	der Brotaufstrich		
14	der Brotbelag		
15	das Brötchen		
16	die Butter		
17	die Cola		
18	das Ei / die Eier		
19	das Eis / die Eiscreme		
20	die Erbsen		
21	die Erdbeere		
22	der Fisch		
23	das Fleisch		
24	der Fleischsalat		
25	das Gebäck		
26	das gekochte Ei		
27	das Gemüse		
28	die Getränke		
29	die Gewürze		
30	das Hähnchen		
31	der Honig		
32	der Joghurt		
33	der Kaffee		
34	der Kakao		
35	die Karotte		
36	die Kartoffel		
37	der Käse		
38	der Keks		
39	die Kirsche		

Seite 46

12 Essen & Trinken

	deutsches Wort	Schreibe es ab	In deiner Sprache
Substantive			
40	der Knoblauch		
41	der Kohl		
42	der Kuchen		
43	die Limonade		
44	die Margarine		
45	die Marmelade		
46	das Mehl		
47	die Milch		
48	die Milchprodukte		
49	der Muffin		
50	das Obst		
51	der Obstsalat		
52	die Orange		
53	der Orangensaft		
54	die Paprika		
55	der Pfeffer		
56	die Pflaume		
57	der Pilz		
58	die Pommes Frites		
59	der Pudding		
60	der Quark		
61	das Rührei		
62	die Salami		
63	der Salat		
64	das Salz		
65	der Schinken		
66	das Schnitzel		
67	die Schokocreme		
68	der Senf		
69	das Spiegelei		
70	der Spinat		
71	die Suppe		
72	der Tee		
73	das Toastbrot		
74	die Tomate		
75	die Torte		
76	der Tortenboden		
77	die Traube		

12 Essen & Trinken

Wortschatz 12

	deutsches Wort	Schreibe es ab	In deiner Sprache
Substantive			
78	das Wasser		
79	der Wein		
80	die Weintrauben		
81	die Wurst		
82	die Zitrone		
83	der Zucker		
84	die Zutaten		
85	die Zwiebel		
Verben			
86	braten		
87	essen		
88	geben		
89	grillen		
90	kochen		
91	nehmen		
92	servieren		
93	trinken		
Adjektive			
94	fett		
95	gesund		
96	heiß		
97	kalt		
98	köstlich		
99	salzig		
100	sauer		
101	schmackhaft		
102	süß		
103	warm		
Redewendungen			
104	Es schmeckt gut.		
105	Es schmeckt nicht gut.		
106	Gibst du mir bitte ...		
107	Ich bin hungrig.		
108	Ich bin satt.		

13 Wetter

der Himmel	der Nieder-schlag	der Wind	die Temperatur
wolkenlos	der Regen/ regnerisch	windstill	eisig
die Wolken/ bewölkt	neblig/ der Nebel	windig/ der Wind	kalt/ die Kälte
bedeckt	der Hagel	stürmisch/ der Sturm	warm/ die Wärme
klar	der Schnee	das Gewitter	heiß/ die Hitze

14 Winter

Im Winter

1 der Schnee
2 das Glatteis
3 der Schlitten
4 der Schneemann
5 der Schi (Ski)
6 die Schier (Skier)
7 die Schlittschuhe
8 die Mütze
9 der Schal
10 die Handschuhe
11 der Schneeball

12 die Schneeballschlacht
13 Schlitten fahren
14 Eis laufen
15 Schi (Ski) fahren
16 im Schnee wandern
17 einen Schneemann bauen
18 die Piste
19 der Skistock
20 der Skifahrer
21 die Schneemauer

Trage die Zahlen neben den Winterwörtern oben in das Bild ein!

14 Winter

Wortschatz 13 & 14

	deutsches Wort	Schreibe es ab	In deiner Sprache
Substantive			
1	der Donner		
2	der Frost		
3	das Gewitter		
4	das Glatteis		
5	der Hagel		
6	die Hagelkörner		
7	die Handschuhe		
8	der Himmel		
9	die Hitze		
10	die Kälte		
11	die Mütze		
12	der Nebel		
13	die Piste		
14	der Regen		
15	die Regentropfen		
16	die Regenwolke		
17	der Schal		
18	der Schauer		
19	der Ski/die Skier		
20	der Skifahrer		
21	der Skistock		
22	der Schlitten		
23	die Schlittschuhe		
24	der Schnee		
25	der Schneeball		
26	die Schneeballschlacht		
27	der Schneefall		
28	die Schneeflocke		
29	der Schneemann		
30	die Schneemauer		
31	die Sonne		
32	der Sonnenschein		
33	der Sturm		
34	die Temperatur		
35	die Wolken		
36	der Wind		

14 Winter

	deutsches Wort	Schreibe es ab	In deiner Sprache
Verben			
37	blasen		
38	donnern		
39	Eis laufen		
40	fallen		
41	regnen		
42	scheinen		
43	Ski fahren		
44	Schlitten fahren		
45	einen Schneemann bauen		
46	im Schnee wandern		
47	eine Schneeballschlacht machen		
48	schneien		
49	wechseln		
50	wehen		
51	ziehen		
Adjektive			
52	bewölkt		
53	eisig kalt		
54	feucht		
55	frostig		
56	glatt		
57	heiß		
58	heiter		
59	klar		
60	neblig		
61	rutschig		
62	sonnig		
63	stürmisch		
64	verschneit		
65	warm		
66	wechselnd		
67	weiß		
68	windig		
69	windstill		
70	wolkenlos		

15 Advent & Weihnachten

der Advent					
 der Adventskalender	 der Adventskranz	 die Adventslieder	 der Nikolaus	

Advent & Weihnachten					
 der Engel	 die Figur	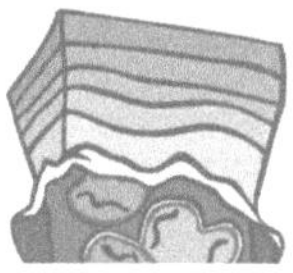 die Kekse	 die Kerze	 die Krippe
 das Licht	 die Lichterkette	 Maria & Josef	 die Schokolade	 der Stern
 die Süßigkeiten	 der Tannenzweig	 die Weihnachtsbeleuchtung	 der Weihnachtsmann	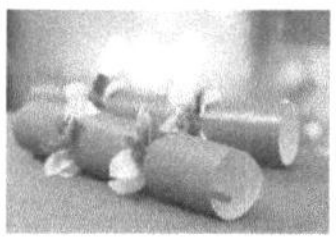 der Wunschzettel

Weihnachten					
 das Christkind	 das Festkleid	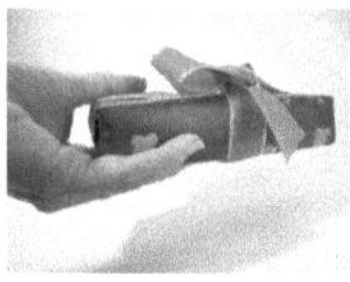 das Geschenk	 der Heilige Abend	 Jesus Christus
 der Weihnachtsbaum	 das Weihnachtsessen	 das Weihnachtsfest	 die Weihnachtskugeln	 die Weihnachtslieder

15 Advent & Weihnachten

Wortschatz 15

	deutsches Wort	Schreibe es ab	In deiner Sprache
Substantive			
1	der Advent		
2	der Adventskalender		
3	der Adventskranz		
4	die Adventslieder		
5	das Christkind		
6	der Engel		
7	das Festkleid		
8	die Figur		
9	das Geschenk		
10	der Heilige Abend		
11	Jesus Christus		
12	die Kekse		
13	die Kerze		
14	die Krippe		
15	das Licht		
16	die Lichterkette		
17	Maria und Josef		
18	der Nikolaus		
19	die Schokolade		
20	der Stern		
21	die Süßigkeiten		
22	der Tannenzweig		
23	Weihnachten		
24	der Weihnachtsbaum		

15 Advent & Weihnachten

Wortschatz 15

	deutsches Wort	Schreibe es ab	In deiner Sprache
Substantive			
25	die Weihnachtsbeleuchtung		
26	das Weihnachtsessen		
27	das Weihnachtsfest		
28	die Weihnachtskugeln		
29	die Weihnachtslieder		
30	der Weihnachtsmann		
31	der Wunschzettel		
Verben			
32	anstecken		
33	anzünden		
34	feiern		
35	hängen		
36	leuchten		
37	schenken		
38	schmücken		
39	sich freuen		
40	singen		
Adjektive			
41	brav		
42	freudig		
43	glänzend		
44	spannend		

16 Neues Jahr & Kalender

der Frühling	das Glück	der Glückwunsch
der Herbst	das Jahr	der Kalender
der Monat	Neujahr	Silvester
der Sommer	der Termin	die Verabredung
der Winter	die Woche	das Wochenende

16 Neues Jahr & Kalender

Wortschatz 16

	deutsches Wort	Schreibe es ab	In deiner Sprache
Substantive			
1	der Frühling		
2	die Gesundheit		
3	das Glück		
4	der Glückwunsch		
5	der Herbst		
6	das Jahr		
7	der Kalender		
8	Neujahr		
9	Silvester		
10	der Sommer		
11	der Winter		
die Monate			
12	der Januar		
13	der Februar		
14	der März		
15	der April		
16	der Mai		
17	der Juni		
18	der Juli		
19	der August		
20	der September		
21	der Oktober		
22	der November		
23	der Dezember		

16 Neues Jahr & Kalender

Wortschatz 16

	deutsches Wort	Schreibe es ab	In deiner Sprache
die Woche			
24	das Datum		
25	der Tag		
26	der Termin		
27	die Verabredung		
28	das Wochenende		
29	der Montag		
30	der Dienstag		
31	der Mittwoch		
32	der Donnerstag		
33	der Freitag		
34	der Samstag		
35	der Sonntag		
Verben			
36	beginnen		
37	enden		
38	festlegen		
39	wünschen		
Redewendungen			
40	Ein gutes neues Jahr!		
41	Glück und Gesundheit!		

Seite 58

17 Fasching & Karneval

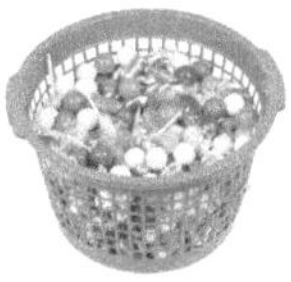 die Bonbons	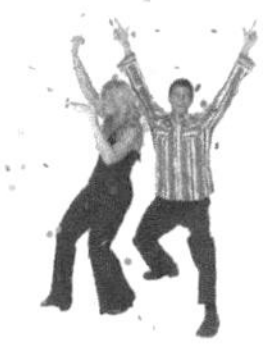 die Faschings-party	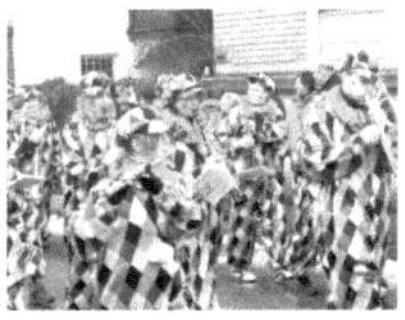 der Faschings-umzug	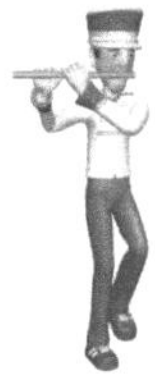 die Flöte	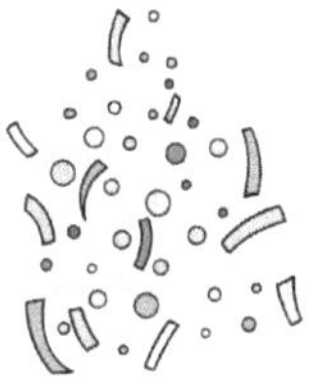 das Konfetti
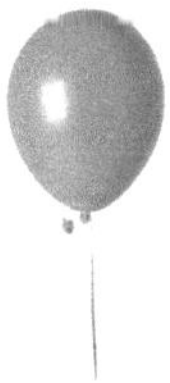 der Luftballon	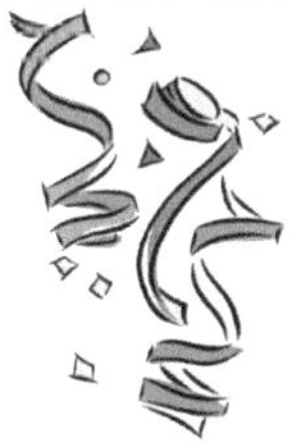 die Luftschlange	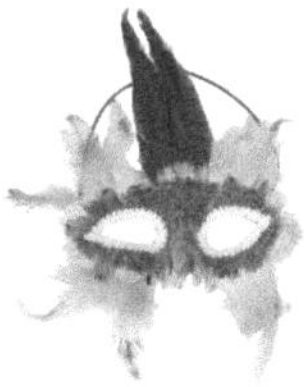 die Maske	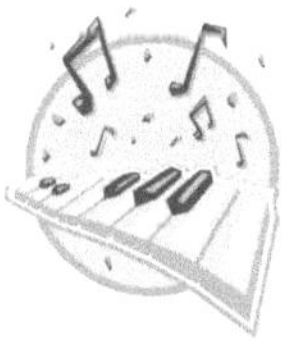 die Musik	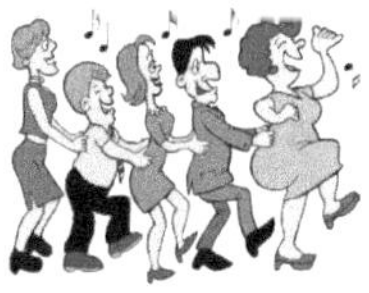 die Polonaise
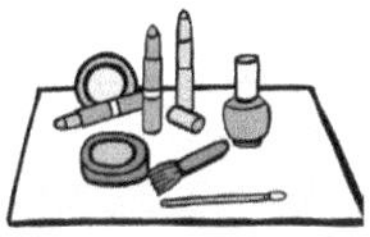 die Schminke	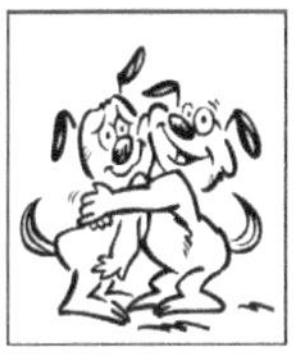 der Spaß	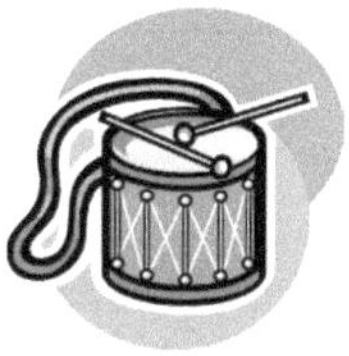 die kleine Trommel	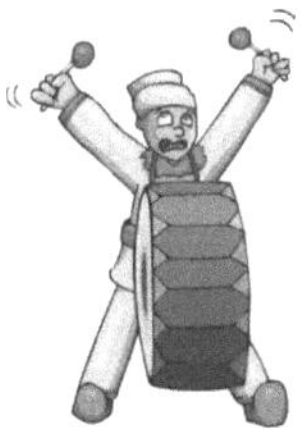 die große Trommel	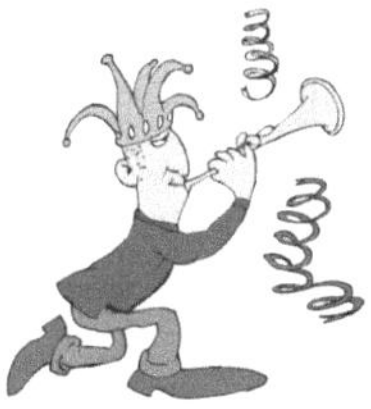 die Trompete

Kostüme

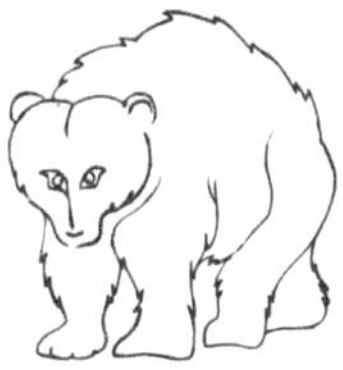 der Bär	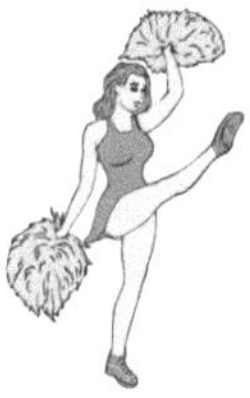 die Cheer-leaderin	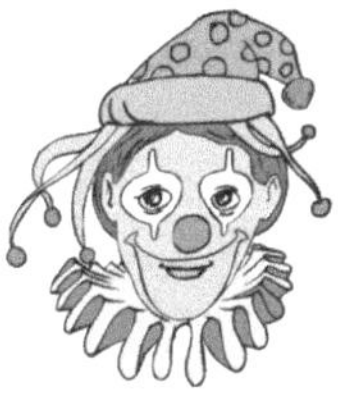 der Clown	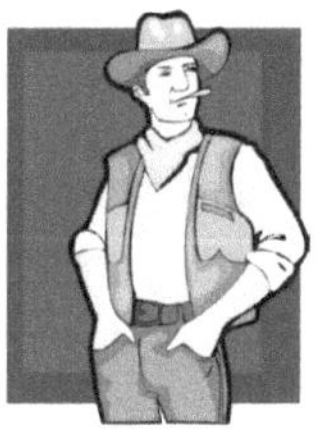 der Cowboy	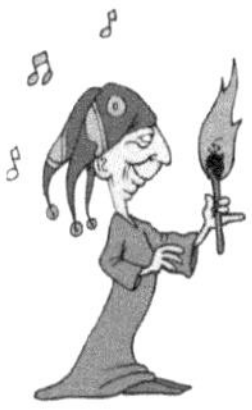 der Feuer-schlucker
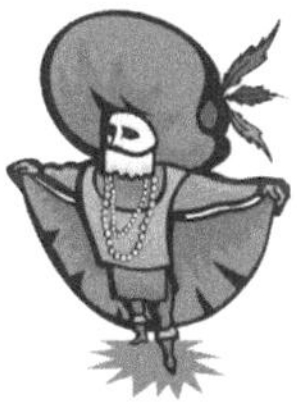 die Fledermaus	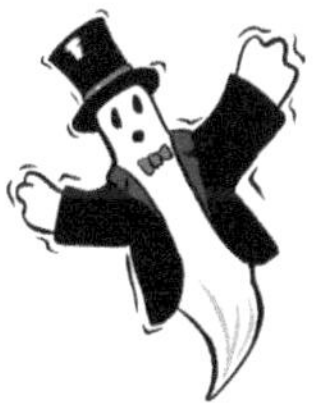 das Gespenst	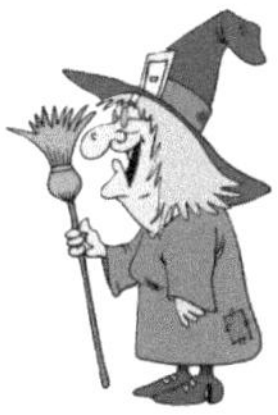 die Hexe	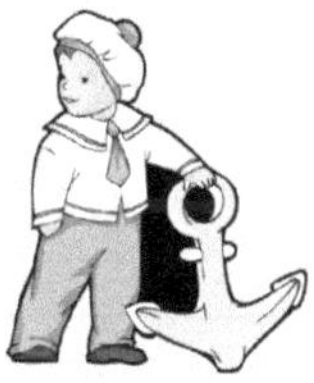 der Matrose	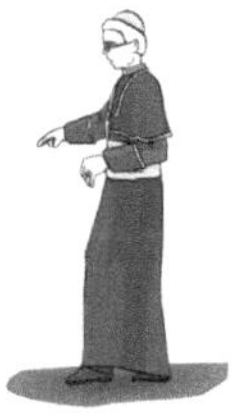 der Mönch
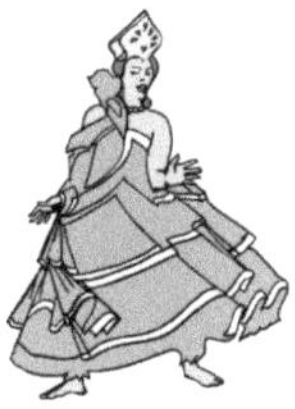 die Prinzessin	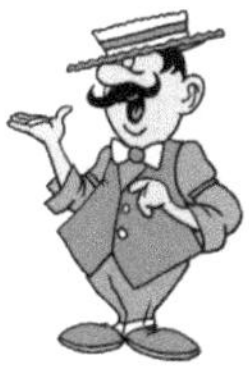 der Spanier	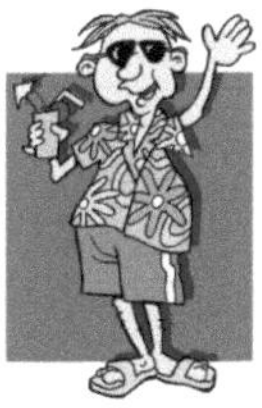 der Urlauber	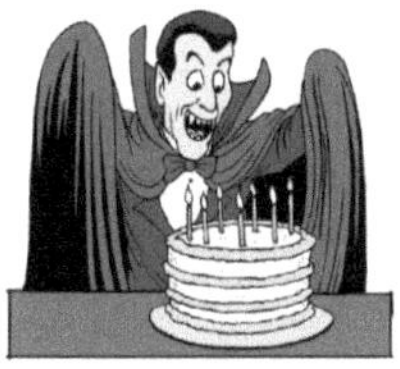 der Vampir	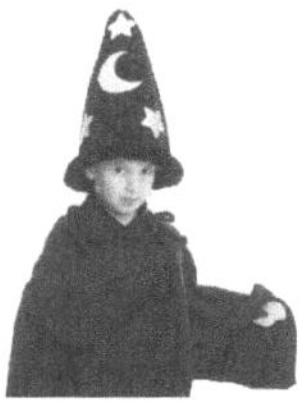 der Zauberer

17 Fasching & Karneval

Wortschatz 17

	deutsches Wort	Schreibe es ab	In deiner Sprache
Substantive			
1	der Bär		
2	die Bonbons (Kamelle)		
3	die Cheerleaderin		
4	der Clown		
5	der Cowboy		
6	der Fasching		
7	die Faschingsparty		
8	der Faschingsumzug		
9	der Feuerschlucker		
10	die Fledermaus		
11	die Flöte		
12	das Gespenst		
13	die Hexe		
14	der Karneval		
15	das Konfetti		
16	das Kostüm		
17	der Luftballon		
18	die Luftschlange		
19	die Maske		
20	der Matrose		
21	der Mönch		
22	die Musik		
23	die Polonaise		
24	die Prinzessin		
25	die Schminke		
26	der Spanier		

17 Fasching & Karneval

Wortschatz 17

	deutsches Wort	Schreibe es ab	In deiner Sprache
Substantive			
27	der Spaß		
28	die Trommel, groß		
29	die Trommel, klein		
30	die Trompete		
31	der Urlauber		
32	der Vampir		
33	der Zauberer		
34	der Zirkusdirektor		
Verben			
35	sich anziehen		
36	sich ausziehen		
37	sich schminken		
38	tanzen		
39	sich verkleiden als		
40	sich Witze erzählen		
Adjektive			
41	gefährlich		
42	hübsch		
43	lustig		
44	spaßig		
Redewendungen			
45	Helau!		
46	Alaaf!		

Seite 61

18 In der Wohnung

das Bett	der Boden	die Decke	das Fenster
der Fernseher	die Gardine	die Heizung	der Kamin
die Kiste	die Lampe	das Radio	das Regal
der Schrank	der Schreibtisch	der Sessel	das Sofa
der Spiegel	die Steckdose	der Stuhl	der Tisch
die Tür	die Uhr	die Wand	

18 In der Wohnung

Wo ist die Karotte?

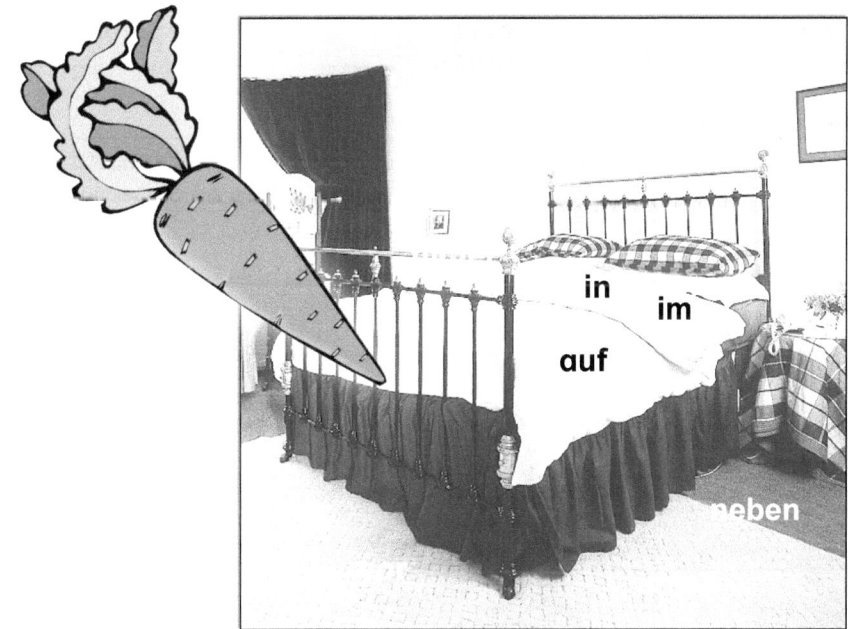

in   im   auf   neben

18 In der Wohnung

Wortschatz 18

	deutsches Wort	Schreibe es ab	In deiner Sprache
Substantive			
1	das Bett		
2	der Boden		
3	die Decke		
4	das Fenster		
5	der Fernseher		
6	die Gardine		
7	die Heizung		
8	der Kamin		
9	die Kiste		
10	die Lampe		
11	das Radio		
12	das Regal		
13	der Schrank		
14	der Schreibtisch		
15	der Sessel		
16	das Sofa		
17	der Spiegel		
18	die Steckdose		
19	der Stuhl		
20	der Tisch		
21	die Tür		
22	die Uhr		
23	die Wand		

18 In der Wohnung

Wortschatz 18

Präpositionen			
24	auf		
25	hinter		
26	im		
27	in		
28	neben		
29	über		
30	unter		
31	vor		
Redewendungen			
32	Die ... ist auf ...		
33	Der ... ist in dem / im ...		
34	Die ... ist ...		
35	Der Ball ist auf dem Tisch.		
36	Die Mappe ist in der Tasche.		
37	Das Buch ist im Bett.		
38	... ist unter / neben ...		
39	Wo ist ... ?		
40	Du findest es / ihn / sie ...		
41	Er / sie / es liegt ...		
42	Die Karotte ist / liegt ...		

19 Berufe

19 Beruf & Tätigkeiten

	der Beruf	die Tätigkeit	Schreibe die Tätigkeit ab	Schreibe die Tätigkeit in deiner Sprache
1	der Architekt	Häuser planen		
2	der Arzt	untersuchen, behandeln		
3	der Bäcker	backen		
4	der Bauer	pflanzen, ernten, füttern		
5	der Busfahrer	fahren		
6	der Computerfachmann	Programme installieren		
7	die Fotografin	fotografieren		
8	die Frisörin	Haare waschen und schneiden		
9	die Gärtnerin	pflanzen, anbauen		
10	die Hausfrau	putzen, spülen, kochen, backen, waschen, bügeln		
11	der Ingenieur	Maschinen oder elektrische Geräte planen		
12	der Installateur, der Mechaniker	schrauben, montieren, reparieren		
13	die Kassiererin	kassieren, rechnen		
14	der Kellner	servieren, bedienen		
15	der Kfz-Mechaniker	Autos reparieren		
16	der Koch	kochen		
17	die Krankenschwester	pflegen, versorgen		
18	die Lehrerin	unterrichten, korrigieren, erziehen		
19	der Maler	malen, streichen, tapezieren		
20	der Maurer	bauen		
21	der Mechatroniker	computergesteuert, reparieren, montieren		
22	der Metzger	Fleisch schneiden, Wurst herstellen		
23	die Musikerin	ein Instrument spielen, singen		
24	der Physiotherapeut	massieren, behandeln		
25	der Polizist	kontrollieren, Täter fangen		
26	der Rechtsanwalt	beraten, vor dem Gericht verteidigen		
27	die Reinigungskraft	reinigen, putzen		
28	die Sekretärin	verwalten, schreiben, telefonieren		
29	der Sicherheitsdienst	sichern, kontrollieren, aufpassen		
30	die Verkäuferin	beraten, verkaufen		

19 Berufe

Wortschatz 19

	deutsches Wort	Schreibe es ab	In deiner Sprache
Substantive			
Berufe (die angegebene Form schließt die weibliche bzw. männliche mit ein)			
1	der Architekt		
2	der Arzt		
3	der Bäcker		
4	der Bauer		
5	der Busfahrer		
6	der Computerfachmann		
7	der Fotograf		
8	der Frisör		
9	die Gärtnerin		
10	die Hausfrau		
11	der Ingenieur		
12	der Installateur		
13	die Kassiererin		
14	der Kellner		
15	der Kfz-Mechaniker		
16	der Koch		
17	die Krankenschwester		
18	die Lehrerin		
19	der Maler		
20	der Maurer		
21	der Mechatroniker		
22	der Metzger		
23	die Musikerin		
24	der Physiotherapeut		
25	der Polizist		
26	die Reinigungsfrau		
27	der Rechtsanwalt		
28	der Sicherheitsdienst		
29	die Sekretärin		
30	die Verkäuferin		

19 Berufe

	deutsches Wort	Schreibe es ab	In deiner Sprache
Schule			
31	das Abitur		
32	das Gymnasium		
33	der Hauptschulabschluss		
34	der Realschulabschluss, der Mittlere Bildungsabschluss		
Ausbildung			
35	das Anschreiben		
36	der Ausbildungsplatz		
37	die Arbeitsstelle		
38	die Bewerbung		
39	das Deckblatt		
40	der Lebenslauf		
41	das Praktikum		
42	die Prüfung – die Abschlussprüfung		
43	der Praktikumsbericht		
Verben			
44	anbauen		
45	aufpassen		
46	backen		
47	bauen		
48	beraten		
49	bedienen		
50	behandeln		
51	bügeln		
52	ernten		
53	erziehen		
54	fahren		
55	fangen		
56	fotografieren		
57	füttern		
58	herstellen		
59	installieren		

19 Berufe

Wortschatz 19

	deutsches Wort	Schreibe es ab	In deiner Sprache
Verben			
60	kochen		
61	kontrollieren		
62	korrigieren		
63	malen		
64	massieren		
65	montieren		
66	pflanzen		
67	pflegen		
68	planen		
69	putzen		
70	reinigen		
71	reparieren		
72	schneiden		
73	schrauben		
74	schreiben		
75	sichern		
76	singen		
77	spielen		
78	spülen		
79	streichen		
80	tapezieren		
81	telefonieren		
82	unterrichten		
83	untersuchen		
84	verkaufen		
85	versorgen		
86	verwalten		
87	waschen		

20 Werkzeug & Zubehör

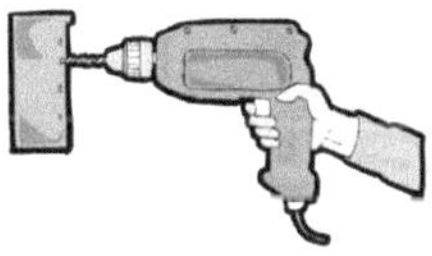 die Bohr-maschine	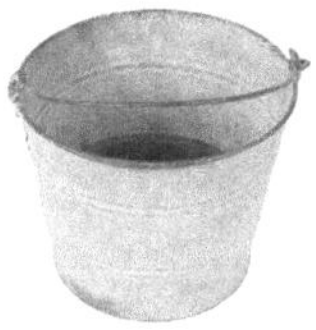 der Eimer	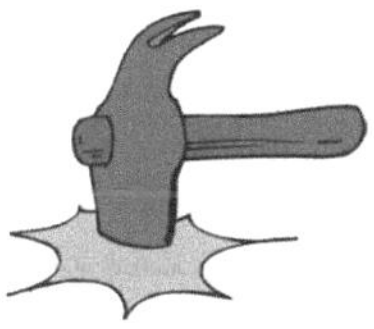 der Hammer	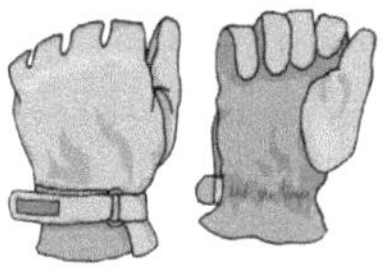 die Hand-schuhe	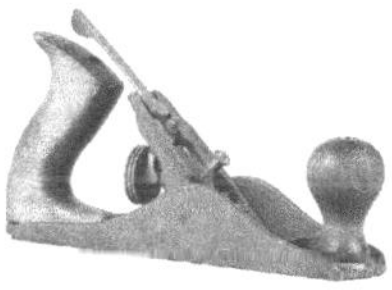 der Hobel
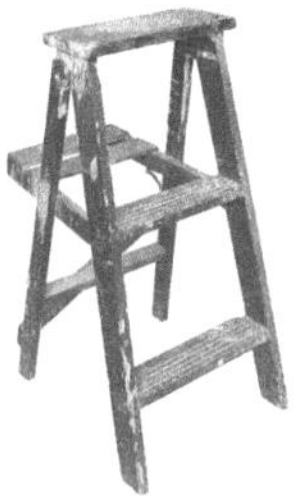 die Leiter	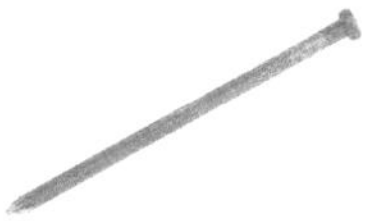 der Nagel	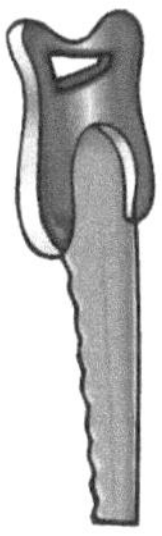 die Säge	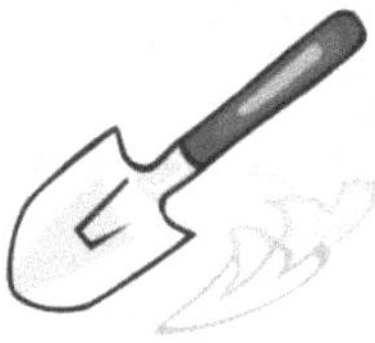 die Schaufel	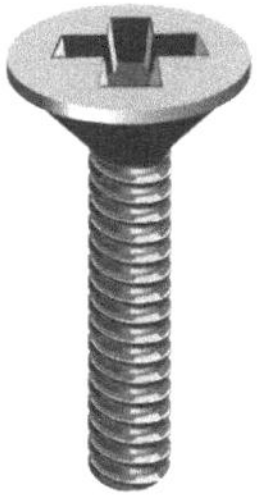 die Schraube
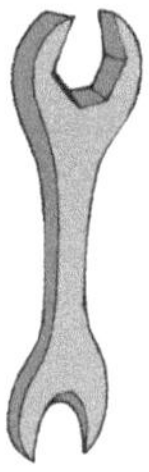 der Schrauben-schlüssel	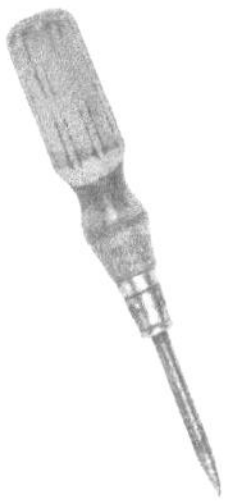 der Schrau-benzieher	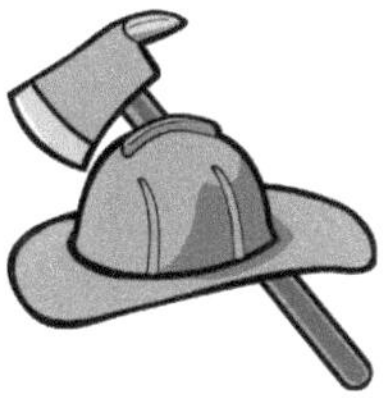 der Schutz-helm	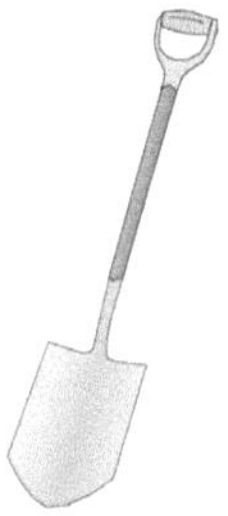 der Spaten	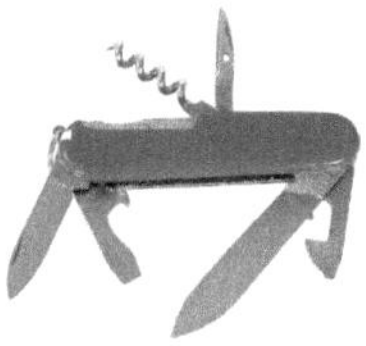 das Taschen-messer
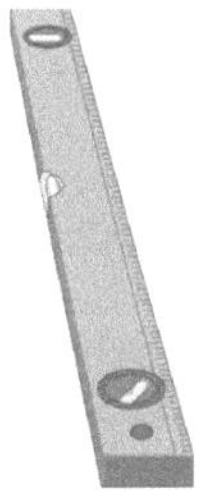 die Wasser-waage	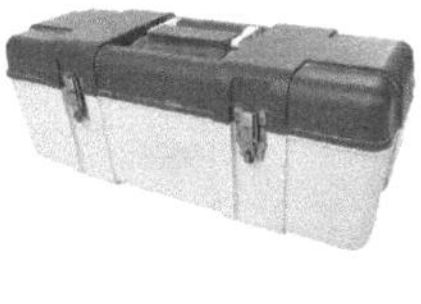 der Werkzeug-kasten	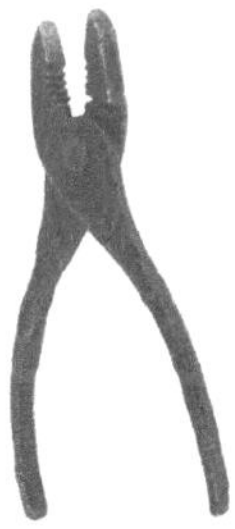 die Zange	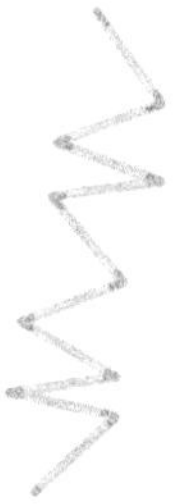 der Zollstock	

20 Werkzeug & Zubehör

Wortschatz 20

	deutsches Wort	Schreibe es ab	In deiner Sprache
Substantive			
1	die Bohrmaschine		
2	der Eimer		
3	der Hammer		
4	die Handschuhe		
5	der Hobel		
6	die Leiter		
7	der Nagel		
8	die Säge		
9	die Schaufel		
10	die Schraube		
11	der Schraubenschlüssel		
12	der Schraubenzieher		
13	der Schutzhelm		
14	der Spaten		
15	das Taschenmesser		
16	die Wasserwaage		
17	der Werkzeugkasten		
18	die Zange		
19	der Zollstock		

21 Im Büro (Schreibtisch)

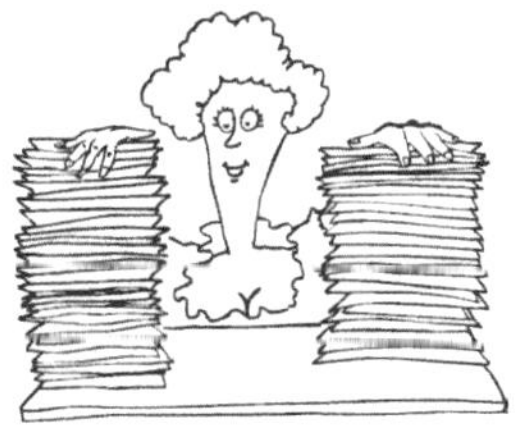 die Aktenablage	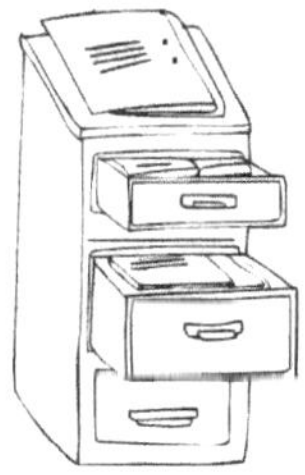 der Aktenschrank	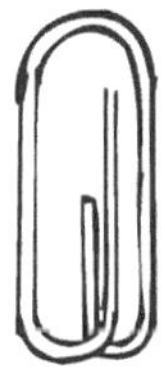 die Büroklammer	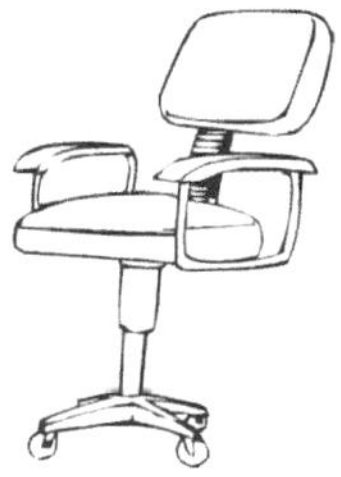 der Bürostuhl
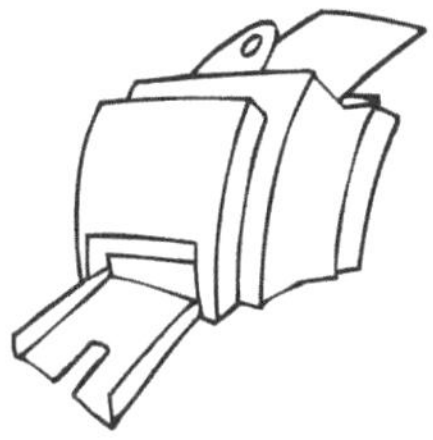 der Drucker	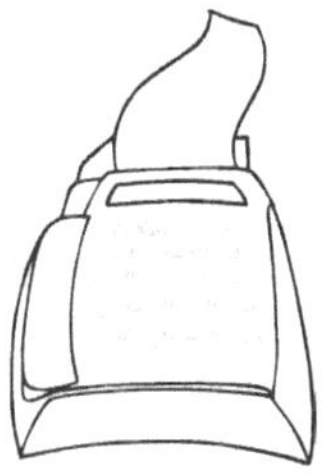 das Faxgerät	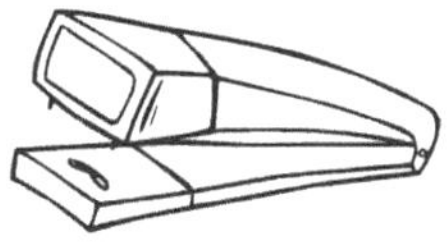 der Hefter	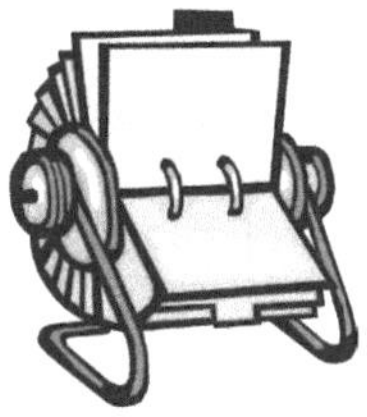 die Karteikarten
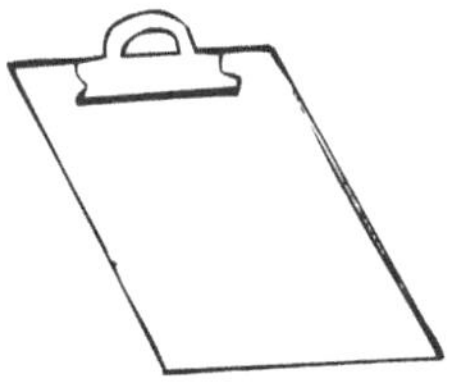 das Klemmbrett	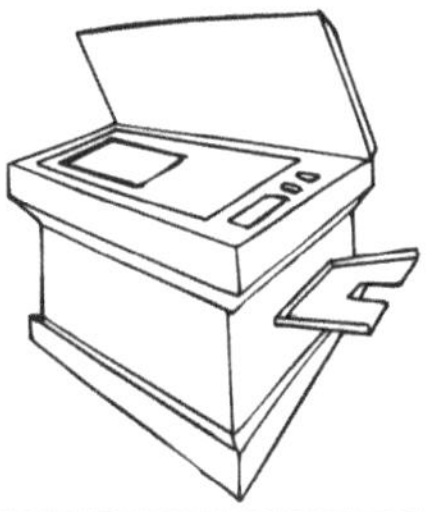 der Kopierer	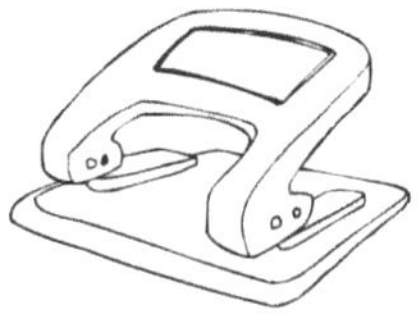 der Locher	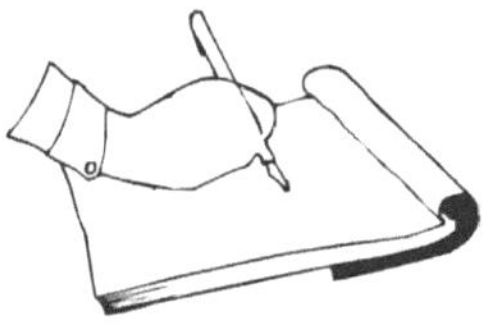 der Notizblock
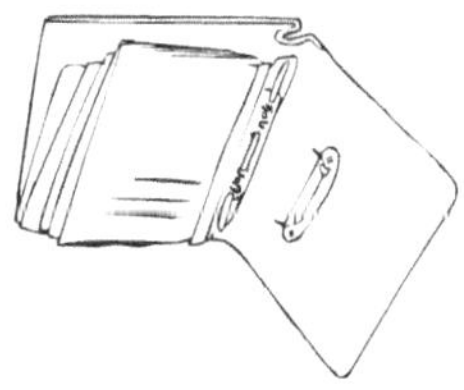 der Ordner	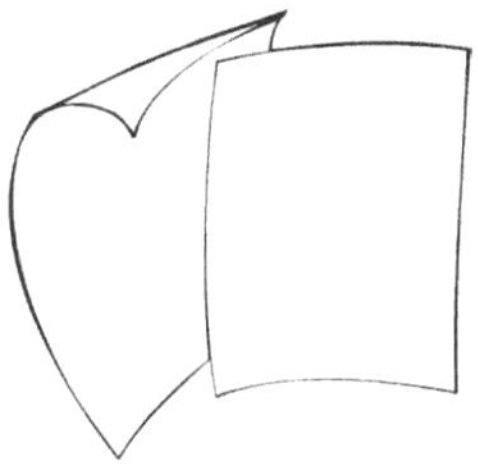 das Papier	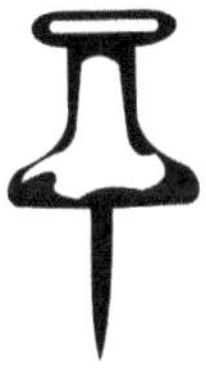 die Pinnadel	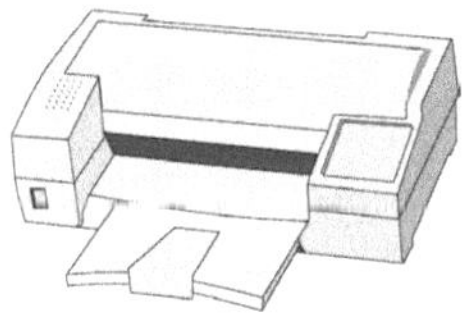 der Scanner
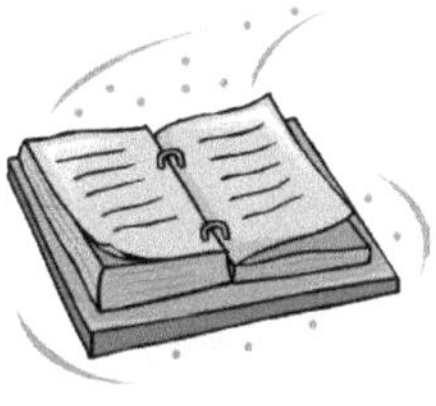 der Terminkalender	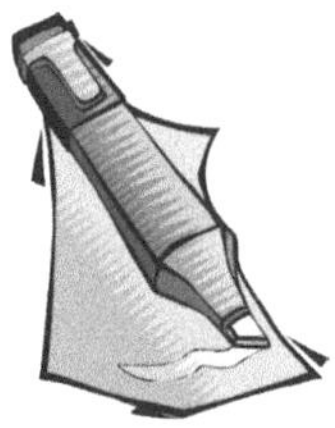 der Textmarker		

21 Im Büro (Schreibtisch)

Wortschatz 21

	deutsches Wort	Schreibe es ab	In deiner Sprache
Substantive			
1	die Aktenablage		
2	der Aktenschrank		
3	die Büroklammer		
4	der Bürostuhl		
5	der Drucker		
6	das Faxgerät		
7	der Hefter		
8	das Klemmbrett		
9	die Karteikarten		
10	der Kopierer		
11	der Locher		
12	der Notizblock		
13	der Ordner		
14	das Papier		
15	die Pinnadel		
16	der Scanner		
17	der Terminkalender		
18	der Textmarker		
Verben			
19	abheften		
20	ablegen		
21	drucken		
22	faxen		
23	klammern		
24	kopieren		
25	lochen		
26	markieren		
27	notieren		
28	ordnen		
29	scannen		
30	telefonieren		
31	terminieren		

22 Gastronomie

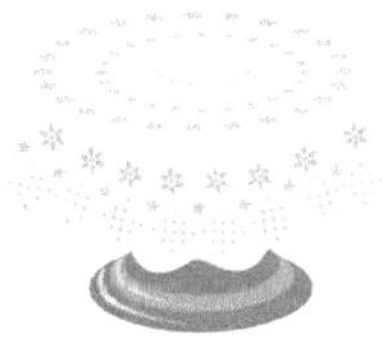 die Tischdecke	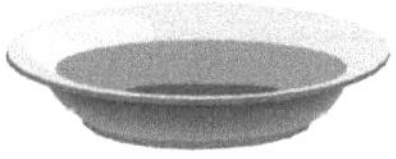 der Teller	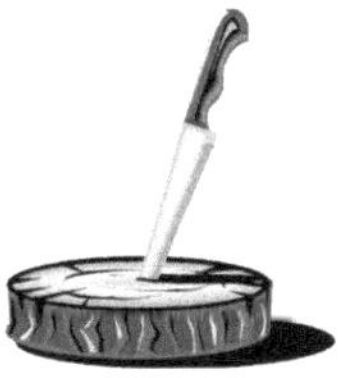 das Messer	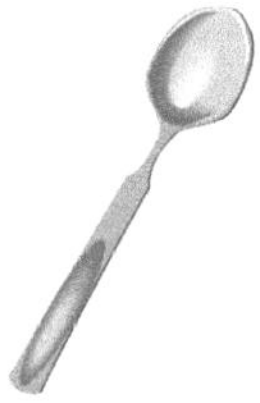 der Löffel	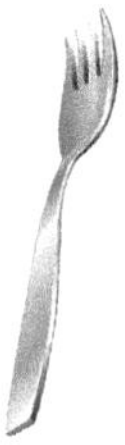 die Gabel
die Serviette	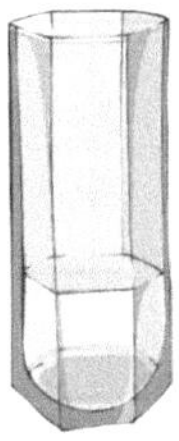 das Wasserglas	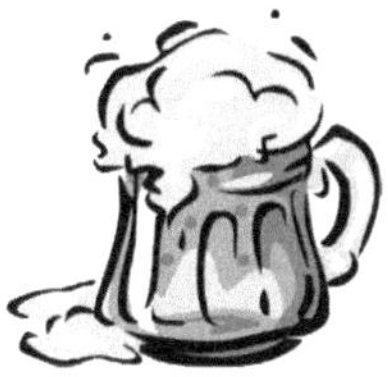 das Bierglas	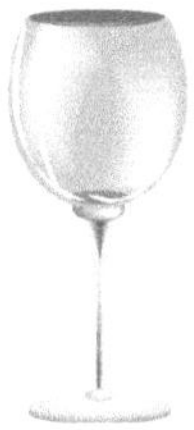 das Weinglas	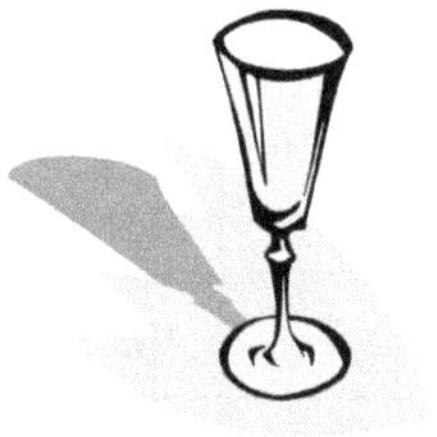 das Sektglas
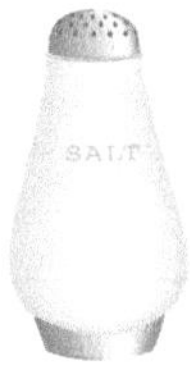 der Salzstreuer	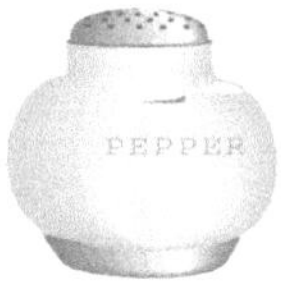 der Pfefferstreuer	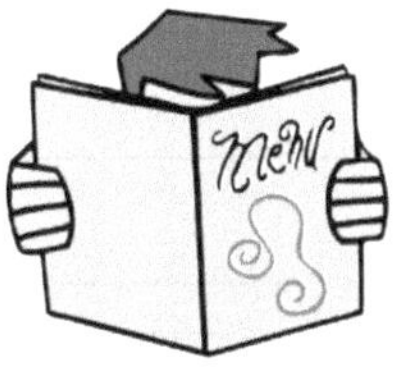 die Speisekarte	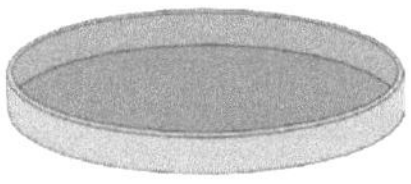 das Tablett	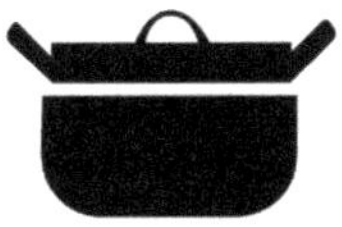 der Topf
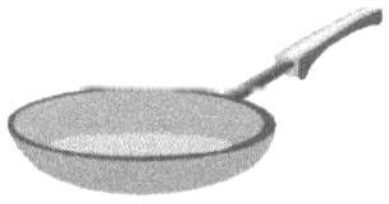 die Pfanne	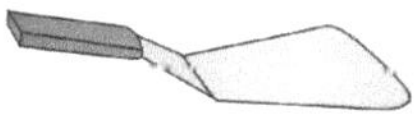 der Pfannenwender	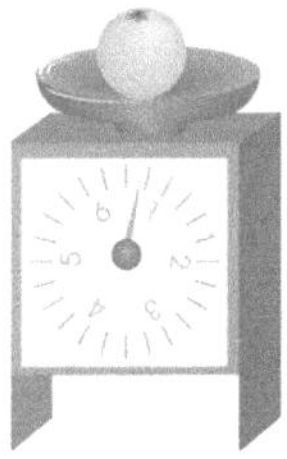 die Küchenwaage	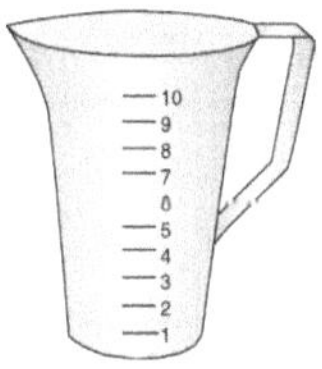 der Messbecher	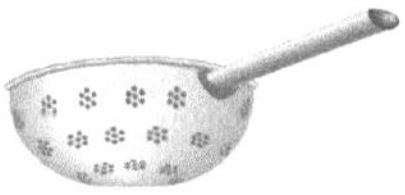 das Sieb
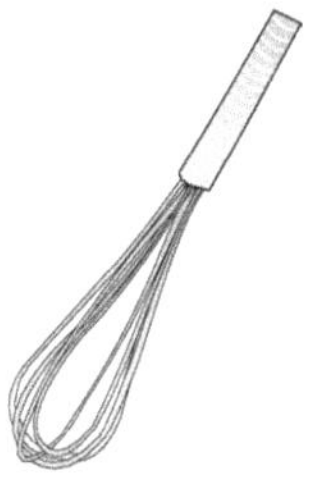 der Schneebesen	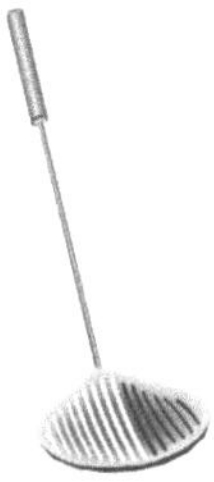 der Schöpflöffel	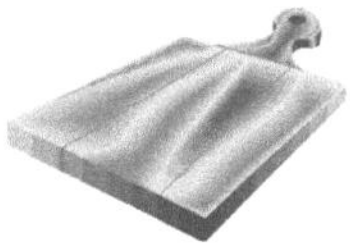 das Schneidebrett	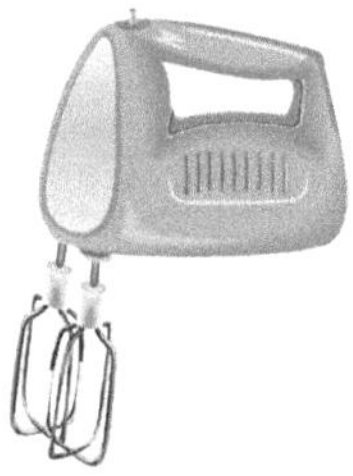 der Mixer	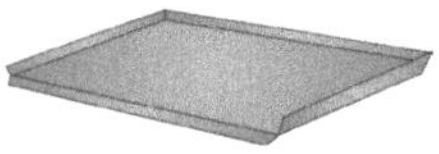 das Backblech

22 Gastronomie

Wortschatz 22

	deutsches Wort	Schreibe es ab	In deiner Sprache
Substantive			
1	das Backblech		
2	das Besteck		
3	das Bierglas		
4	die Dekoration		
5	die Gabel		
6	die Küchenwaage		
7	der Löffel		
8	der Messbecher		
9	das Messer		
10	der Mixer		
11	die Pfanne		
12	der Pfannenwender		
13	der Pfefferstreuer		
14	der Salzstreuer		
15	der Schneebesen		
16	das Schneidebrett		
17	der Schöpflöffel		
18	das Sektglas		
19	die Serviette		
20	das Sieb		
21	die Speisenkarte		
22	das Tablett		
23	der Teller		
24	die Tischdecke		
25	der Topf		
26	das Wasserglas		
27	das Weinglas		

22 Gastronomie

Wortschatz 22

	deutsches Wort	Schreibe es ab	In deiner Sprache
Verben			
28	backen		
29	bestellen		
30	eindecken		
31	eingießen		
32	empfehlen		
33	messen		
34	rühren		
35	schlagen		
36	schneiden		
37	servieren		
38	sieben		
39	streuen		
40	wiegen		
Redewendungen			
41	Was darf es sein?		
42	Möchten Sie ...?		
43	Darf ich Ihnen ...?		
44	Ich empfehle Ihnen ...		

22 Gastronomie

Speisenkarte

Restaurant – Bistro „Goldener Stern"

Suppen

Hochzeitssuppe mit Flädle	€ 3,50
Hühnersuppe mit Eierstich	€ 3,50
Kartoffelsuppe mit Lachsstreifen	€ 3,50
Rinderkraftbrühe mit Einlage	€ 3,50
Spargelcremesuppe	€ 3,50
Tomatensuppe mit Sahnehaube	€ 3,50
Zwiebelsuppe mit Käse überbacken	€ 3,50

Salate

Kleiner gemischter Salat	€ 3,50
Großer gemischter Salat	€ 6,20
Griechischer Hirtensalat	€ 6,80
Salatteller mit - Schinken und Ei	€ 6,80
Salatteller mit - Putenstreifen	€ 9,50
Salatteller mit - Fischvariationen	€ 9,50

Restaurant – Bistro „Goldener Stern"

Herzhaft & warm

Schweinenackensteak mit Salatgarnitur	€ 6,80
Gebackener Camembert mit Preißelbeeren	€ 5,00
Putensteak mit Früchten und Kroketten	€ 8,50
½ Hähnchen mit Salat und PommesFrites	€ 7,70
Seelachsfilet mit Gemüse der Saison	€ 8,50
Pfeffersteak mit Kartoffelecken & Salat	€ 12,50

Getränke

Coca Cola 0,4 l	€ 2,80
Apfelsaft/Apfelschorle 0,4 l	€ 2,80
Mineralwasser 0,4 l	€ 2,50
Bitter Lemon	€ 2,20
Stern-Pils 0,3 l	€ 3,10
Stern-Pils, alkoholfrei 0,3 l	€ 3,10
Weißwein/Rotwein 0,2 l	€ 2,50

23 Ostern

die Ostermesse	Jesus Christus	der Kreuzgang	die Kreuzigung
die Auferstehung	der Osterhase	die Ostereier	das Osternest
das Osterlamm			

Wortschatz 23

	deutsches Wort	Schreibe es ab	In deiner Sprache
Substantive			
1	die Auferstehung		
2	Jesus Christus		
3	der Kreuzgang		
4	die Kreuzigung		
5	die Ostereier		
6	der Osterhase		
7	das Osterlamm		
8	die Ostermesse		
9	das Osternest		
Verben			
10	auferstehen		
11	ausblasen		
12	bemalen		
13	feiern		
14	kreuzigen		
15	leben		
16	sterben		
17	suchen		
18	verstecken		

24 Frühling & Frühlingsblumen

das Blatt	die Blüte	die Hyazinthe	der Krokus
das Maiglöckchen	die Osterglocke die Narzisse	das Schneeglöckchen	der Stängel
die Tulpe	die Wurzel die Zwiebel		

Wortschatz 24

	deutsches Wort	Schreibe es ab	In deiner Sprache
Substantive			
1	das Blatt		
2	die Blüte		
3	die Frühlingsgefühle		
4	die Hyazinthe		
5	der Krokus		
6	das Maiglöckchen		
7	die Osterglocke (Narzisse)		
8	das Schneeglöckchen		
9	der Stängel		
10	die Wurzel		
11	die Zwiebel		
Verben			
12	blühen		
13	gießen		
14	sich verlieben		
15	wachsen		

25 Familie

Ein „Stammbaum" könnte folgendermaßen aussehen:

1	die Urgroßeltern: der Urgroßvater/der Urgroßopa & die Urgroßmutter/dieUrgroßoma
2 – 5	die Großeltern: die Oma & der Opa
2 & 4	die Söhne; die Brüder; der Onkel
3 & 5	die Schwiegertöchter; die Tante
6 & 8	die Tochter & der Sohn; die Geschwister; die Enkeltochter & der Enkelsohn
7 & 9	die Schwiegertochter & der Schwiegersohn
6 – 9	das Ehepaar; die Tante & der Onkel
10	die Tochter; die Enkeltochter; die Nichte
11 – 13	die Enkelkinder; die Töchter; der Sohn; der Cousin & die Cousine; die Nichte & der Neffe
11	die Tochter; die Enkeltochter; die Schwester; die Nichte
12	der Sohn; der Enkelsohn; der Bruder; der Neffe
13	die Tochter; die Cousine; die Nichte

25 Familie

Wortschatz 25

	deutsches Wort	Schreibe es ab	In deiner Sprache
Substantive			
1	das Baby		
2	die Braut		
3	das Brautpaar		
4	der Bräutigam		
5	der Bruder		
6	der Cousin		
7	die Cousine		
8	das Ehepaar		
9	die Eltern		
10	die Erwachsene		
11	die Geschwister		
12	die Großeltern		
13	der Jugendliche		
14	das Kind		
15	die Mutter		
16	der Neffe		
17	die Nichte		
18	die Oma		
19	der Onkel		
20	der Opa		
21	der Schwager		
22	die Schwägerin		
23	die Schwester		
24	die Schwiegereltern		
25	der Schwiegersohn		

25 Familie

Wortschatz 25

	deutsches Wort	Schreibe es ab	In deiner Sprache
Substantive			
26	die Schwiegertochter		
27	der Sohn		
28	die Tante		
29	die Tochter		
30	die Urgroßeltern		
31	der Vater		
Verben			
32	besuchen		
33	ein Baby bekommen		
34	einladen		
35	feiern		
36	heiraten		
37	schwanger sein		
Redewendungen			
38	Ich komme aus ...		
39	Meine Familie kommt aus ...		
40	Mein Großvater wohnt in ...		
41	Meine Cousine ist ...		

26 Fahren & Reisen

26 Fahren & Reisen

Wortschatz 26

	deutsches Wort	Schreibe es ab	In deiner Sprache
Substantive			
1	die Abfahrt		
2	der Abflug		
3	die Ankunft		
4	der Ausstieg		
5	das Auto / der PKW		
6	das Boot		
7	der Bus		
8	der Einstieg		
9	die Fahrkarte		
10	der Fahrplan		
11	das Fahrrad		
12	der Flughafen		
13	das Flugzeug		
14	das Gepäck		
15	das Gleis		
16	die Haltestelle		
17	der Lastkraftwagen / der LKW		
18	das Motorrad		
19	der Passagier		
20	der Pick-up		
21	das Schiff		
22	die Straßenbahn		
23	das Ticket / die Fahrkarte		
24	der Transporter		
25	das U-Boot		
26	der Zug		

26 Fahren & Reisen

Wortschatz 26

	deutsches Wort	Schreibe es ab	In deiner Sprache
Verben			
27	aussteigen		
28	einsteigen		
29	fahren		
30	fliegen		
31	halten		
32	rasen		
33	reisen		
34	sich verspäten		
35	umsteigen		
36	verreisen		
Adjektive			
37	langsam		
38	leer		
39	pünktlich		
40	schnell		
41	voll		
42	zu früh		
43	zu spät		

Seite 86

Rena Thormann

Deutsch als Zweitsprache in Vorbereitungsklassen

Ein motivierender Einstieg in die Lehrsituation von Vorbereitungsklassen. Die Themen sind am Alltagsleben orientiert, an der Didaktik eines zeitgemäßen Unterrichts ausgerichtet und berücksichtigen die heterogene Klassenzusammensetzung.

Band 1: Schnellkurs zur Erarbeitung des Grundwortschatzes. Die mündlichen und schriftlichen Übungen im Wortschatztraining, die Bildkarten und zahlreiche spielerische Elemente sind vielseitig einsetzbar.

Bände 2-6: Intensives Grundwortschatztraining zu Themen wie Sich vorstellen, Schule, Farben, Familie, Wohnung, Wohnungsplan und Speisen & Getränke. Inhalte und Methodik ermöglichen und unterstützen individuelles und differenzierendes Lernen.

88 S.	1 Schnellkurs Grundwortschatz	11 421	ab 15,99 €
96 S.	2 Wortschatztraining / Teil 1	11 422	ab 15,99 €
16 S.	3 Wortschatzerweiterung / Teil 2	11 562	ab 17,49 €
20 S.	4 Wortschatzerweiterung / Teil 3	11 589	ab 18,49 €
24 S.	5 Wortschatzerweiterung / Teil 4	11 652	ab 18,49 €
12 S.	6 Wortschatzerweiterung / Teil 5	11 837	ab 22,49 €

Autorenteam Kohl-Verlag

DaZ – GRUNDWORTSCHATZ
Wörterkartei zum selbstständigen Lernen

Sinnvolles Übungsmaterial zum Aufbau des Grundwortschatzes. Die wichtigsten Wörter der deutschen Sprache zum Selbstlernen in drei Niveaustufen! Die Selbstkontrolle findet durch einfaches Drehen und Vergleichendes Aneinanderlegen der Karten statt. **Je 192 Wörter auf 24 Karteikarten!**

1	Mensch, Outfit, Wohnung	12 421
2	Hobby, Tiere, Schule/Büro, Uhr	12 422
3	Beruf, Werkzeuge, Reisen	12 423
4	Familie, Essen, Gastronomie	12 424
5	Kalender, Jahreszeiten, Feiern	12 425

FARBIG — ab 15,99 €

Horst Hartmann

Deutsch-Tests für Zuwanderer   A-/B-Niveau

Der Deutschtest für Zuwanderer (DTZ) stellt für die Lehrer in Deutschkursen eine Herausforderung dar, die inhomogene Zielgruppe erfolgreich auf den Test vorbereiten sollen. Die beiden vorliegenden Bände entsprechen in Aufteilung und Struktur dem DTZ, Aufgaben und Aufgabenstellungen mit Lösungsvorschlägen sind an die Sprachniveaus A und B angepasst.

| A-Niveau | 12 159 | je 72 Seiten |
| B-Niveau | 12 160 | ab 14,49 € |

M. Al-Nashawatie & G. Rosenwald

Arabisches Schulbuch   Arabisch & Deutsch lernen

Viele Kinder aus arabischen Ländern müssen nicht nur die Sprache, sondern auch die fremde Schrift erlernen. So lernt hier der Syrerjunge Mariem mit dem Mädchen Julia zusammen. Die Begriffe in Deutsch, Arabisch und „Lautschrift" helfen dabei, die Worte und Sätze zu festigen. **Im Band 2** wurde die Darstellung sämtlicher Begriffe in Arabisch, Deutsch und Lautschrift beibehalten.

| Band 1 | 11 993 | je 48 Seiten |
| Band 2 | 12 056 | ab 12,49 € |

Horst Hartmann

DaZ für Erwachsene   Kurs zur Alltagsschulung

Einfache Sprachszenen, Rollenspiele und entsprechendes Wortschatztraining mit wechselnden Methoden vermitteln jungen Erwachsenen die deutsche Sprache. Altersgemäße Themen in angewandten Situationen wie z.B. Behörde, Einkaufen, beim Arzt, Büro, Diskothek, Freizeit, sich vorstellen, Flirten, Kochen, auf dem Weg zum Arbeitsplatz, Beruf, Radfahren, Auto, Ärger mit ..., Spaß bei ... etc. sorgen für eine problemlose Verständigung in Situationen des täglichen Lebens.

| Band 1 | 11 888 | je 32 Seiten |
| Band 2 | 12 158 | ab 11,99 € |

Horst Hartmann

Wir lernen Deutsch   Spielerisch zur deutschen Sprache

Schüler mit fremdsprachigem Hintergrund benötigen neben dem Aufbau eines allgemeinen Wortschatzes auch Hilfe beim Verstehen und Anwenden von Begriffen ihres täglichen Lebens. Mit themenbezogenen Übungen bietet dieser Band den grundlegenden Wortschatz zu typischen täglichen Situationen.

| 32 Seiten | 11 992 | ab 11,99 € |

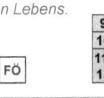

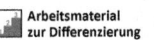

Prisca Thierfelder

KOMM MIT!   Sprachmaterial für DAZ-Kinder

Bildkarten zum Lernen, einfache Wort- und Satz-übungen sowie kommunikative Übungen in einfachen Zusammenhängen. Erste Begegnung mit der deutschen Sprache: Grundwortschatz und erste grammatikalische Strukturen kennenlernen und festigen auf der Reise rund um die Welt zu den Kindern Hannes, Narisara, Jim, Olivia, Bandele und Antonia, die uns zu sich einladen und uns über ihr Leben berichten. Informative Texte und Aufgaben wecken die Neugierde auf andere Kulturen und fördern Toleranz und Offenheit. Die Kopiervorlagen enthalten abwechslungsreiche Methoden mit unter anderem Zuordnungsspielen, einfachen Dialogen, Bildkarten, Kreuzworträtseln und Korrespondenz.

48 S.	1	Hobbys und Freizeit weltweit	12 257	ab 12,49 €
56 S.	2	Landwirtschaft weltweit	12 258	ab 13,49 €
48 S.	3	Wie wir zuhause leben – weltweit	12 259	ab 12,49 €
52 S.	4	Wie wir Schule erleben – weltweit	12 369	ab 13,40 €

Prisca Thierfelder

DaZ-Dialoge im Alltag

Binnendifferenzierung in der Vorbereitungsklasse! 10 Dialoge aus dem Alltag – zu jedem Thema gibt es 2 Dialoge in verschiedenen Schwierigkeitsstufen. Sie werden mittels Lückenwörtern/-texten erarbeitet, bevor sie präsentiert werden. Alternativ gibt es „Spickkarten" mit Stichwörtern zur Orientierung für Fortgeschrittene bzw. Leistungsstärkere. So hat buchstäblich „spielerisch" jeder Spaß an Unterricht und Rollenspiel.

| 48 Seiten | 12 256 | ab 13,49 € |

Horst Hartmann & Aani Ichoua

Deutsch-arabische LESE- & SACHTEXTE
Sachtexte aus dem Alltag im A-Niveau

Kurze Lese- & Sachtexte aus dem Alltag beschreiben Situationen, die für Menschen in einem fremden Land mit einer fremden Sprache zum Problem werden können. Die Übungen sind in der Schwierigkeit dem A-Niveau angepasst. Am Ende eines jeden Kapitels ist eine zweisprachige Vokabelliste mit den wichtigsten Wörtern angefügt.

| 24 Seiten | 12 375 | ab 10,99 € |

Brunhilde Sieburg

Multi-Kulti   Das Sprach- & Lesetraining

Wortbedeutungstraining Die Bände 2/3 zeigen Gegenstände, Personen etc., zu denen die deutschen Bezeichnungen angegeben sind. Hinzu kommen einfache grammatikalische Basisübungen und einfache Leseübungen.

48 S.	1	Schreiblehrgang Buchstaben	19 032	ab 11,99 €
48 S.	2	Anfängerkurs	19 033	ab 11,99 €
48 S.	3	Fortgeschrittene	19 034	ab 11,99 €
36 S.	4	Die Zeitformen lernen	19 030	ab 10,99 €

Friedhelm Heitmann

DaZ-Spiele   ... in 3 Niveaustufen

Deutsche Grammatik und Rechtschreibung in gesteigerten Niveaustufen in jeweils 34 Einheiten mit Lösungsvorschlägen. Die Einheiten können sowohl einzeln als auch als motivierendes Spiel im Verbund eingesetzt werden. So macht Lernen Spaß. Der Titel ist ideal auch im Unterricht mit DaZ- und Regelschülern gemeinsam einsetzbar!

Grundniveau	11 991	
Mittleres Niveau	12 043	je 80 Seiten
Erweitertes Niveau	12 044	ab 16,49 €

Autorenteam Kohl-Verlag

Kreuzworträtsel DaZ   Grundwortschatz steigern

Einfache Wörter des Grundwortschatzes (Beispiel: „Ich fahre mit dem .... [Auto].") werden gesucht und eingesetzt. „Verben" und „Adjektive" beinhalten den gleichen Aufbau wie „Nomen" und steigern den Grundwortschatz konsequent weiter.

Nomen	11 932	
Verben	11 933	je 24 Seiten
Adjektive	11 934	ab 11,99 €

Tobias & Nik Vonderlehr

Ganz einfache Lesetexte für DaZ-Kinder

Diese motivierenden und leicht verständlichen Lesetexte sind aus der Lebenswelt der Kinder. Das Textverständnis wird durch verschiedene Aufgabenstellungen überprüft. Einfache Malaufgaben, die sich aus dem Text erschließen oder schriftliche Aufgaben, die auch von Anfängern gut bewältigt werden können, sichern den Leseerfolg.

| 48 Seiten | 12 140 | ab 13,49 € |

Deutsch als Zweitsprache

www.kohlverlag.de

DAZ / Sonderpädag. Fördermaterial

Klasse
1
2
3
4
5
6
7
8
9
10
11-13

Friedhelm Heitmann & Billur Shirazi

So lerne ich Deutsch
..... von Anfang an!

Die dargebotenen Materialien gingen hervor aus der Arbeit in Vorbereitungsklassen, in denen elementare Kenntnisse im Sprechen, Lesen und Schreiben in der deutschen Sprache vermittelt wurden. Der Band bietet vielfältige Arbeitsmaterialien an. Die Übungseinheiten ist systematisch und übersichtlich aufgebaut. Es geht es unter anderem um Alltagskommunikation. Die Sätze und Texte einschließlich Arbeitsanweisungen sind kurzgehalten. Im Band sind auch hilfreiche Bilder sowie kurze grammatische Regeln enthalten. Besonderer Wert wird auf die Festigung des Lernstoffes gelegt. Dafür werden viele Übungsmaterialien bereitgehalten.

| 64 S. | 12 909 | ab 14,99 € | FÖ | Alle Stufen |

Marisa Herzog

Qualipass Nomen, Verben, Adjektive

Vielseitiges Übungsmaterial. die Erklärungen und Regeln werden dur kurze Sachtexte, Anwendungen und Übungen vermittelt. Alle Arbeitsblätter dienen der Vertiefung und können als Einheit zum entsprechenden Teilbereich oder einzeln als Übung, Wiederholung und Festigung eing setzt werden. **Mit Selbstbeurteilungsbögen und Lernzielkontrollen**

Nomen	11 334	je 72 Seiten
Verben	11 335	17,80 €
Adjektive	11 336		FÖ

Armin Weinfurter

Mathe-Basics ... für Asylbewerber

Das Fach Mathematik bietet eine gute Gelegenheit, im Unterricht F zu fassen – selbst wenn die Sprache noch einigen Lernbedarf erforde In Mathe bringen die Schüler Vorwissen mit und können so schnell in griert werden. Die verschiedenen Themenbereiche der Mathematik w den sprachneutral und mit den entsprechenden Übungsaufgaben für diese spezielle Schülerschaft zusammengefasst.

| 88 Seiten | 12 210 | ab 16,49 € | FÖ |

Bernhard Hartl

Themenwelt für Sprachanfänger
Kinder mit geringem Sprachniveau zielgerichtet fördern & fordern

Eingebettet in Themen aus ihrer Lebensumwelt fällt es den Kindern leichter, sich neue Wörter schnell zu merken. Mithilfe von Spielen und in Verknüpfung mit weiteren Fächern werden Wortschatz und Grammatik in diesem Kopiervorlagenband zielgerichtet und schülerorientiert vermittelt. Mithilfe von **LearningApps** wird auch dem digitalen Zeitalter Rechnung getragen. Als roter Faden im Unterricht werden diese wirkungsvollen Arbeitsblätter helfen, den Alltag zu meistern.

| 76 S. | 12 466 | ab 15,99 € | FÖ INK PDF plus | Alle Stufen |

J. Tille-Koch & A. Ichoua

Mathematik als Fremdsprache
Deutsch - arabisch ...... kurz & knapp

Die wichtigsten Begriffe zu den Rechenverfahren, den Rechenrege dem Stellenwertsystem, den Zahlenarten sowie zu den Größen (Ge Geschwindigkeit, Gewicht, Länge, Zeit) werden kurz und anschaul aufgelistet und in die Fremdsprache übertragen.

| 32 Seiten | 12 374 | ab 11,99 € | FÖ | Alle Stufen |

Autorenteam Kohl-Verlag

Lese-Versteher werden
Sinnerfassendes Lesen erfahren

Welches Kind möchte nicht gerne verstehen, was es liest? Sinnerfassendes Lesen ist das Tor zum erfolgreichen Lernen – regelmäßiges Training erhöht die Lernergebnisse langfristig nachhaltig. Dieser Band bietet Ideen für Kinder, die besondere Unterstützung bei der Hinführung zum sinnerfassenden Lesen benötigen. Erfasst es den Sinn z. B. eines Wortes, versteht es seine Bedeutung und kann ihm einen Sinn geben. Damit kann auch die Freude am Lesen Einzug halten.

| 64 Seiten | 12 911 | ab 14,99 € | Aa FÖ INK | 1 2 |

Anni Kolvenbach

Grundlagen Elektrizität
NEU

Spezielles Material aus der Unterrichtsreihe „Inklusion ko kret" für den sonderpäd. Förderbedarf LE und den inklusiv Unterricht. Die Arbeitsblätter enthalten ganz einfache Aufg benstellungen in drei Niveaustufen zur Differenzierung u zur Bildung und Festigung des Basiswissens. Anschaulic Grafiken und liebevoll gestaltete Illustrationen, sowie leic verständliche Fachtexte holen die Schüler*innen da ab, sie stehen. Elektrizität ist eine natürliche Form von Energie in der Natur. Oft sprechen wir im Alltag einfach nur von „Strom", wenn genau genommen elektrischer Strom oder Elektrizität gemeint ist. Strom erzeugt Wärme, Licht und Bewegung. Elektrizität ist für uns unsichtbar.

| 32 S. | 13 044 | ab 13,49 € | Aa FÖ INK |

Dorle Roleff-Scholz & Friedhelm Heitmann

NaWi inklusiv   Arbeitsblätter & Versuche

Hier wird besonderer Wert auf die Vermittlung von Alltagskompetenzen und praktischen Fertigkeiten gelegt. Bei Feuer bauen wir einen Feuerlöscher, reinigen Schmutzwasser und ermitteln die benötigte Wassermenge verschiedener Lebewesen, betrachten neben dem Stromkreis auch die Gefahren der Elektrizität. Mit dazu passenden Fragen gelingt der Zugang zur Naturwissenschaft ganz nebenbei!

| 84 S. | 12 454 | ab 16,49 € | FÖ INK PDF plus |

Manuel Schneider

Lautgetreue Übungswörter
zur Förderung im Anfangsunterricht

Das angebotene Wortmaterial - bestehend aus 53 zweisilbigen Nomen - wird vom Autor nach Schwierigkeit der zugrundeliegenden Wortstruktur in vier Kapitel unterteilt und muss sukzessiv abgearbeitet werden. Die Einteilung wurde neben der Lauttreue und des Wortumfangs unter Berücksichtigung der Schwierigkeit der Synthese und Lautanalyse getroffen.

| 80 Seiten | 12 910 | ab 16,49 € | FÖ | 1 2 3 4 |

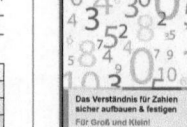

Petra Hartmann

Zahlbeziehungen bis 1000
Zahlenraumverständnis entwickeln

Ein gutes Zahlenverständnis ist die beste Grundlage für sicheres Re nen. In diesem Arbeitsheft finden sich viele verschiedene Übungen dem Thema. Die Aufgaben sind für Groß & Klein und helfen dabei, gutes Zahlenverständnis zu entwickeln, zu vertiefen und auszubauen. Aufgaben sind leicht verständlich und können selbstständig erarbeitet werden. So lassen sich die Zahlenbeziehungen erfassen und verinnerlichen.

| 48 Seiten | 12 912 | ab 13,49 € | FÖ |

Manuel Schneider

Sinnentnehmend Lesen & Schreiben
... von Anfang an!

Der Band hilft, die Hürde des „Zusammenschleifens" von Buchstaben zur Silbe zu erleichtern. Daher werden nur die 3 Buchstaben M, A, O eingeführt, um aus einer übersichtlichen Zahl von Silben sinnvolle Wörter zu bekommen. Gleich von Beginn an kann man so schreiben und sinnentnehmend lesen üben, anstatt zu viele Silben stupide lernen zu müssen.

| 68 Seiten | 12 571 | ab 14,99 € | FÖ | 1 2 3 4 |

Anni Kolvenbach

Inklusion konkret umsetzen   ... ohne viel Mehrarbe

In diesem Ratgeber wird gezeigt, wie man Inklusion ohne viel Mehrarb qualitativ gut bewältigen kann. Tabellen werden zur Planung und Orga sation und Formulierung eines Förderplans zur Verfügung gestellt. A die Qualitätssicherung bietet per einfachem Abfrageformular eine ku Übersicht zum Verlauf. Auch die Materialvorbereitung und Arbeitsteilu wird angeschnitten. Zur einfacheren Handhabung stehen Ihnen alle F mulare und Tabellen als PDFplus zur Verfügung.

| 32 Seiten | 12 887 | ab 15,99 € | FÖ INK | Alle Stufen |